Arnold Keyserling
Das Erdheiligtum

DAS RAD

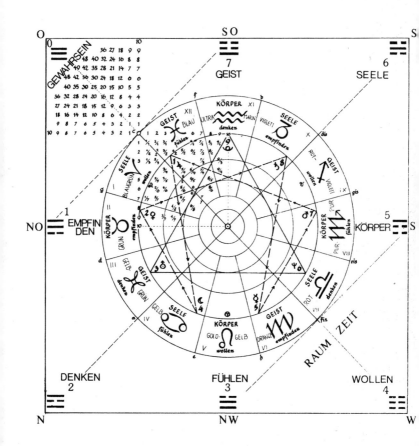

Arnold Keyserling
Das Erdheiligtum

Die Ur-Riten von Raum und Zeit

VERLAG DER PALME

Die erste Auflage
dieses Werkes erschien 1983
im Verlag im Waldgut AG.

Alle Rechte vorbehalten
Copyright by Verlag der Palme
1988
ISBN 3-900 373-17-5

Umschlaggestaltung von Heinz Horatschek

Inhalt

Vorwort

1
Vom homo sapiens zum homo divinans

2
Fülle der Zeit

3
Öffnung des Raumes

4
Feste der Sonne

5
Befriedung der Erde

Nachwort

Vorwort

Seit der neolithischen Revolution mit der Zweiteilung von Instinkt und soziokultureller Tradition ist der Zugang zur persönlichen Intuition schwächer geworden, vielen Menschen sogar verschlossen. Ideologien und Wissenschaften haben sich von Wegen und Strategien zur Bereicherung des Lebens in Sperren verwandelt. Um diese zu beseitigen, gilt es auf die Vorzeit zurückzugehen, in die Altsteinzeit, in der Instinktwissen und strategisches Wissen noch eine Einheit bildeten.

Den Schlüssel zu dieser Öffnung bieten die Qualitäten von Raum und Zeit, die den Zugang zum Sakralen bestimmen. Es gilt den Unterschied von *profan* und *heilig* neu zu verstehen: *profan* bedeutet Abgeschlossenheit des Ichs, *heilig* Teilhabe am All. Heilige Orte waren auf Raum und Zeit geeicht und gaben dadurch den Menschen die Möglichkeit, ihr Ich-Gefängnis zu sprengen.

Doch diese Qualitäten wurden später in den prophetischen und mystischen Religionen, in den Bekenntnissen den Liturgien unterstellt, wie etwa die Wintersonnenwende der Geburt Christi und der Frühlingspunkt der Kreuzigung gleichgesetzt wurden. Ohne diese sinnbildhafte Gleichsetzung zu entwerten, muss der heutige Mensch ihren Ursprung verstehen, um seine Trennung von Erde und Himmel zu überwinden.

Zur lebendigen Erfahrung dieses Zusammenhangs haben wir am 7. Dezember 1982 in Hintersdorf bei Wien das Lebensrad auf Polarstern, Milchstrassenmitte und Wassermann geeicht, um die Raumzeitriten, welche dieses Buch beschreibt, in ihrer Reinheit herauszuschälen.

Das erste Kapitel erzählt, wie es zur Gründung des Heiligtums kam, indem die matriarchalische und patriarchalische Religion durch die vier Koordinaten der Erdgöttin, des Menschen im All, das Urgesetz des Rades und die göttliche Liebe abgelöst werden.

Im zweiten Kapitel wird die Einstellung zur Wassermannzeit geschildert, wie sie sich im *Human Potential Movement* herauskristallisiert hat: Anlage als Weg, Durchbruch zur persönlichen Kreativität, Ichfindung in der Gruppe, Wachstumsbezogenheit anstatt Anpassung, Absage an alle Elite und Hierarchie, Freizügigkeit von Beruf und Arbeit und totale Selbstverantwortung bei bewusster Gliedhaftigkeit im Kosmos.

Das dritte Kapitel zeigt die heiligen Himmelsrichtungen, wie sie uns durch die indianische altsteinzeitliche Überlieferung wieder vertraut wurden: die Offenbarung des Ostens, das Einstehen des Westens, das Vertrauen des Südens und die Weisheit des Nordens; die Ortungen der Geschichte im Südosten, Zugang zur Traumvision und zu den Elementalen im Südwesten, zu Motiven und Wünschen im Nordwesten, und zur kreativen Mitwirkung an der Zivilisation im Nordosten.

Das vierte Kapitel schält die Urbedeutung der acht Sonnenfeste im Jahr heraus; sie bildet den Rahmen, in welchem Person und Gattung Mensch den Zusammenhang mit Himmel und Erde in der Liebe immer wieder finden.

Das fünfte Kapitel zeigt die Methoden, wie durch das Sitzen in den acht Richtungen die psychischen Probleme des Menschen zu Ansätzen der Mitarbeit an der Welt verwandelt werden, indem jedes der zwölf Themen des Bewusstseins im Tierkreis aus einer der acht Richtungen betrachtet wird, nach Massgabe der Qualität der Zeit: persönliche Probleme vor Sonnenaufgang, gemeinschaftliche vor Sonnenuntergang, familiäre vor Mitternacht und öffentliche vor Mittag.

Die territoriale Reichsstruktur der Ideologien wird in der Wassermannzeit durch die Raumzeitstruktur des wiederentdeckten Rades abgelöst. Das Erdheiligtum von Hintersdorf macht das Urbild zugänglich, aus dem einst die Religionen entstanden und das in Zukunft in vielen Formen eine neue Verbindung von profan und heilig, Ichstrategie und Allbezogenheit ermöglichen könnte, ohne irgendeinen dichterischen Wert der Vergangenheit und Gegenwart auszuschliessen.

4. Februar 1983   *Arnold Keyserling*

1
Vom homo sapiens zum homo divinans

Die Vision von Teilhard de Chardin ist Wirklichkeit geworden: Die Erde ist heute analog der menschlichen Gehirnstruktur als Noosphäre gegliedert.

Der westliche Kapitalismus entspricht der linken Hemisphäre des Grosshirns mit ihrer Betonung des analytischen Durchsetzens;

der östliche Sozialismus, in seiner Suche nach Sicherung und Geborgenheit durch Verhinderung der Ausnützung von Menschen durch andere, entspricht der Motivation der rechten Hemisphäre.

Die nördlichen Industriestaaten, in Entsprechung zur hinteren Zone des Denkens, haben virtuell die Möglichkeit geschaffen, dass alle Überlebensprobleme gelöst werden könnten,

und die südlichen sogenannten Entwicklungsländer in Entsprechung zum inneren Auge des Vorderhirns wahren die religiösen Traditionen.

Aber die Mitte fehlt. Solange der Mensch nicht zu seinem vertikalen Einklang mit Himmel und Erde durchdringt, bleibt er an das entfremdete ideologische Bewusstsein gebunden.

Die Erde ist kein toter Himmelskörper, sondern ein lebendiges weibliches Wesen. Sie hat es satt, als Mutter oder Grossmutter bestimmt zu werden, die man beliebig ausnutzen kann; sie ist eine liebende Göttin, die umworben und gepflegt werden möchte. Nur dann, wenn der Einklang mit ihr gewollt und erreicht wird, kann der Mensch jene Kraft finden, die ihm seine eigene Vision, seinen eigenen Sinn und damit die Freude zugänglich macht.

Durch die indianische Überlieferung war uns 1980 und 1981 die Bedeutung der heiligen Himmelsrichtungen bewusst geworden, die zu den Parametern der Zeit traten, in denen ich seit vielen Jahrzehnten heimisch bin. Die Vollendung der *Ars Magna* als Grammatik des Bewusstseins und der Welt hat das Rüstzeug geschaffen, um den eigenen Lebenssinn aktualisieren zu können. Aber es fehlt noch jene Genossenschaft, die den einzelnen hält und ihn führen könnte. Diese gilt es nun nicht in Form einer Elite zu erfinden, sondern zu entdecken.

Am 25. Oktober 1982 hatte ich in der Nacht die Vision, ich müsse ein Erdheiligtum im Sinne der Altsteinzeit gründen. Penninks Buch über die Geomantik hatte mir die ursprüngliche Konzeption der heiligen Bauten und Städte bewusst gemacht. Zwar hatten wir seit langem den Wunsch gehabt, einen Ort zu finden, an welchem wir unmittelbar die Qualitäten von Raum und Zeit erfahren könnten. Aber dies blieb theoretisch, bis ich innerlich den Auftrag hörte, ich müsse in der *Kronenzeitung* — dem meistgelesenen populären Blatt in Österreich — eine Anzeige aufsetzen, und die Erde würde antworten. So erschien am 29. Oktober folgende Annonce: «Suche abgelegenes Grundstück, zum Beispiel alten Steinbruch, für Erdheiligtum zu pachten oder zu kaufen». Die Annonce erschien Freitag, und Samstag früh meldete sich der Waldbauer Leopold Wieshaider aus Hinterdorf, der erklärte, er habe einen geeigneten

Ort, aber dieser sei in den letzten Jahren als illegales Mülldepot missbraucht worden.

Meine Frau und ich fuhren hinaus, und dort war tatsächlich am Rande eines wunderschönen Buchenwaldes, in der Nähe des Hügelgipfels, ein Steinbruch, der bedeckt war mit Abfällen und Unterholz; mit Autos, alten Kühlschränken, Bierflaschen und hunderterlei Grauslichkeiten — kurz ein Bild, wie die Erde von uns heute behandelt wird.

Beim Gehen zwischen den Büschen spürten wir aber die Reinheit der Schwingung, und zusammen mit Freunden begannen wir nach Abschluss eines Pachtvertrages das Gelände zu reinigen; 22 Fuhren waren notwendig.

Der Steinbruch erstreckt sich von Osten nach Westen und hat eine Länge von ca. 60 Metern. Nach den gröbsten Reinigungsarbeiten wurde im östlichen Teil der Grube, die einer indianischen Kiva gleicht, das Rad ausgesteckt.

Am 7. Dezember 1982 wurde mit 64 Freunden die Einweihung vollzogen. 11.16 Uhr, als die Sonne genau auf 15 Grad Schütze stand, wurde ein Meteorstein in die Mitte des Rades versenkt und ein Pfeil — der später aus Chromnickelstahl ersetzt wurde — auf den Polarstern gerichtet; damit wird die elektromagnetische Energie des Himmels mit der Schwerkraft der Erde verbunden. Der Aszendent des Augenblicks war in Hintersdorf 15 Grad Wassermann, was zeigt, dass dieser Ort diese Bestimmung hatte. Nach einer kurzen Vertiefung in die Bedeutung der Gründung und einer Anrufung aller Wesen des Universums umschritten wir siebenmal nach altem Ritus den Kreis in Sonnenrichtung. Die

Füsse waren schwer von Lehm; leichter Nebel liess die Wipfel der Buchen, die über dem Rad mit Reif bekleidet einen Dom bildeten, märchenhaft erscheinen. Allen Teilnehmern wurde eine tiefe Freude beschert, eine innere Heiterkeit, die sich den ganzen Tag fortsetzte.

In den nächsten Tagen verschmolzen für mich Traum und Wachen zu einer Einheit, und immer klarer schälten sich die Züge jenes neuen Bewusstseins heraus, in das wir alle auf der ganzen Erde hineinwachsen, ohne dass es spektakuläre Zeichen dafür gäbe, obwohl viele Menschen an unausweichliche Katastrophen glauben, vom Atomkrieg bis zum Weltuntergang. Aber diese Untergangsstimmung meint nicht die Wirklichkeit, sondern den notwendigen Tod der ideologischen Mentalität; nur im Einklang mit Himmel und Erde ist der nächste Schritt des menschlichen Abenteuers zu vollziehen.

Die bisherige Entwicklung der Menschheit lässt sich in Analogie zum Reifen einer Person begreifen. Ein Kind lebt in der Einheit zwischen Imagination und Wirklichkeit, rechter und linker Hemisphäre, Wachen und Traum, und ist im Spiel aus seinen Motiven getragen. Dies entspricht der altsteinzeitlichen, magischen Mentalität des homo faber, der während hunderttausend Jahren als werkzeugschaffendes Tier in Harmonie mit seinen Instinkten, mit der Natur lebte und seine sprachliche Fähigkeit nur zur Darstellung seiner Visionen in bildnerischer und dramatischer Form verwandte.

Mit der Erziehung beginnt die Betonung der soziokulturellen Tradition, zuerst unter dem Einfluss der Mutter im Lernen bestimmter Verhaltensschemata ohne Erklärung. Damit verschiebt sich der Schwerpunkt von den eigenen Motiven zu dem zu Erlernenden, wobei die Mutter tatsächlich Macht über das Leben des Kindes hat. Dies entspricht der matriarchalischen Epoche nach der neolithischen Revolution, der Wandlung vom homo faber zum homo sapiens, als die Instinkte durch geglaubte und sprachlich fixierte Mythen und Riten ersetzt wurden, die widerspruchslos befolgt werden mussten. Wer sich an ihnen versündigte, wurde zum magischen Tod verurteilt. Diese Haltung kennzeichnete die beginnenden Pflanzer und Tierzüchter. Marx hat also recht, wenn er den Beginn des Privateigentums und der Hierarchie zur Ursache des entfremdeten Bewusstseins erklärt. Bei den Sammlern und Jägern der Altsteinzeit gibt es weder Besitz noch Hierarchie; ein achtjähriges Kind eines Buschmanns der Kalahariwüste beherrscht noch die Gesamtheit seiner Kultur, ist zum Überleben fähig und nicht auf Vorbilder und Abhängigkeiten angewiesen.

Mit dem Lesen- und Schreibenlernen, also der Volksschule, verschiebt sich der Akzent von neuem. Es wird entscheidend, die eigene analytische und synthetische Fähigkeit zu entfalten, sich durchzusetzen und seine spätere beruflich-soziale Rolle zu finden und auch auszuüben. Während der Mythos vieldeutig ist und alle Interpretationen akzeptiert werden, solange der geglaubte Zusammenhang nicht verlassen wird — die Gemeinsamkeit vor dem Turmbau zu Babel — wird nun die Strategie, und damit der Vater, wesentlich, dessen biologische Aufgabe die Erziehung zur Selbständigkeit, zum Flüggewerden bedeutet.

In allen Völkern wurde dieser Schritt vom Matriarchat zum Patriarchat als Befreiung gefeiert, am klarsten im griechischen Kampf der Vorsokratiker gegen den Mythos im Zeichen des Logos. Die Mutter wurde in ihrer Bedeutung überall zurückgedrängt. Fortan war die Hierarchie das Urbild des gesellschaftlichen Zusammenhangs. Josef Campbell meint, vielleicht wäre das biblische Datum der jüdischen Weltschöpfung, 4004 vor Christus, tatsächlich als der Beginn der patriarchalischen Religion zu verstehen. Immer mehr wurde der Bereich des Männlichen gegenüber dem Weiblichen erweitert. Mit dem Beginn des Siegeszuges der Naturwissenschaft im 15. Jahrhundert wurde die Rolle des Mythos und der Religion weiter entwertet, bis dass sie zu Beginn dieses Jahrhunderts in der allgemeinen Weltanschauung des Szientismus kaum mehr Macht besass.

Doch die männliche Rolle des Erfolges in der Strategie kann nur in einer orthodoxen Einstellung gegenüber dem Wissen und der Gesellschaft, also im Fürwahrhalten einer bestimmten Lebensweise bestehen. Der überwölbende mythische Zusammenhang wandelte sich in den Ideologien zu den vier früher zitierten Weltanschauungen von Westen und Osten, Norden und Süden.

Deren Macht kann nur in einer Überlebensangst gewahrt werden; man bedarf des Feindbildes, um weiter bestehen zu können. Deshalb sind die heutigen Kassandrarufe der Todeskampf der Ideologie. Denn schwindet für den einzelnen die Angst, lässt er sich nicht mehr durch die Berufung auf den Feind einschüchtern, so tritt die Frage nach dem Sinn, nach der persönlichen Lebensleistung im Unterschied zu den orthodoxen konservativen Auffassungen in den Vordergrund.

Die Zweiheit von Instinkt und Tradition, letztere neuerdings als Fortschritt der Wissenschaften definiert, wird fragwürdig; mit den Postulaten der Demokratie, der sozialen Gerechtigkeit und der Selbstbestimmung werden die essentiellen Fragen des möglichen Lebenssinnes wieder akut.

Die matriarchalischen Göttinnen wurden durch den patriarchalischen Vatergott verdrängt, der sklavisch befolgte Mythos, der Gehorsam gegenüber der Vision der rechten Hemisphäre, durch den nachprüfbaren Logos der linken.

Heute wird aber auch der Vatergott problematisch, und damit kommt es zur entscheidenden Wandlung: Sowohl Vatergott als auch Muttergöttin erweisen sich als Projektionen des menschlichen Reifeprozesses. Das Ziel des heutigen Menschen ist die lebendige Teilnahme an der Kultur, die Mitarbeit mündiger Menschen an der Zivilisation. Für die matriarchalischen Völker war das Verhalten fixiert, das selbständige Fragen tabuisiert. Für die patriarchalischen Völker sind es alle irrationalen Gegebenheiten, die nicht durch das Denken zu meistern sind: Tod, Geschlecht, Instinkt und Intuition.

Der patriarchalische homo sapiens nahm das Gehäuse des Lebens, dessen letzter Ausdruck die technische Zivilisation darstellt, für das Ganze. Aber sowohl die Naturwissenschaft als auch die Philosophie und die Psychologie sind heute dabei, diese Vorherrschaft zu brechen, das Weibliche wieder in seinem Wert zu bestätigen und die Rückbindung an die tatsächliche materielle und geistige Wirklichkeit zu schaffen, die nicht aus der Wissenschaft gefolgert werden kann, sondern einfach irrational besteht.

Dieser Schritt bedeutet eine neue Reifestufe der menschlichen Kollektivität, die auch der einzelne vollziehen muss: die Überwindung des homo sapiens durch den homo divinans. Dieses Wort ist doppelt zu verstehen. Einerseits als *divinare*, Fähigkeit der Intuition; anderseits als *divinus*, Finden des göttlichen Kerns jedes Menschen als wahres Subjekt. Alle heute sozial bedeutsamen Bewegungen, wie sie Marilyn Ferguson in ihre Buch *Aquarian Conspiracy* geschildert hat, münden in diese Verwandlung, die in ihrer Bedeutung historisch nur der Mutation der neolithischen Revolution zu vergleichen ist. Damals stellte sich die historische Tradition der Kulturheroen gleichberechtigt und später übergeordnet neben die Instinktgeborgenheit. Es war ein Schritt voran. Heute bedeutet diese Wandlung gleichzeitig einen Schritt zurück vor die Revolution, in die Altsteinzeit mit dem homo faber. Nur durch Wiederannahme der Instinkte kann die Intuition, der Zugang zum persönlichen Lebenssinn, auf bewusster Ebene freigelegt werden.

Damit sind Vatergott und Muttergott als soziologische Schemata ohne metaphysische Wirklichkeit entlarvt, und es wird notwendig, die Koordinaten des Göttlichen neu zu bestimmen.

In jeder Zeit muss die Beziehung zum Göttlichen durch irdische Erfahrungen verdeutlicht werden. Der matriarchalische Mensch erlebte sich im Bild der Jahreszeiten, Tod und Wiedergeburt glichen dem Sterben und Vergehen, und Neugeborenwerden der Pflanzenwelt. In der patriarchalischen Zivilisation war Gott König und Herr, der Schutz vor Feinden jenen bot, die ihm gehorsam folgten. Die heutigen Mächte dagegen sind die wissenschaftlich verifizierbaren. Für die Physik gibt es nur vier Kräfte — zwei makrokosmische und zwei mikrokosmische.

Makrokosmisch sind die Schwerkraft und die Strahlungsenergie, der Elektromagnetismus. Mikrokosmisch sind die starken Bindekräfte, die den Atomkern zusammenhalten und etwa bei der Atomzertrümmerung frei werden, und die schwachen Bindekräfte, die chemisch den Aufbau der Atome zu Molekülen und Zellen, zu Organen und Organismen ermöglichen.

Der Mensch ist ein Subjekt; als Ebenbild Gottes ist er causa sui, Ursache seiner selbst. Dies kann er nur sein, wenn er die Göttlichkeit hinter den vier Kräften versteht.

Ursprung der Gravitation, der Schwerkraft, ist für uns die Erde. Alle Kraft geht von unten nach oben. Der Erde verdankt der Mensch seine Fähigkeit der Verwandlung der Welt; er verwendet damit die longitudinale Schwingung, die von ihr ausgeht. Nur wenn er sie auf die Erdfrau bezieht, also die Geborgenheit in der Urkraft findet, verschliesst er sich nicht in seinem Ichbild.

Alle elektromagnetische Energie des Lebens entstammt der Sonnenstrahlung und dem Himmel. Alle Bilder, die uns bewusst werden, sind fordernd. Wenn der Traum die Wachwelt ergänzt, so heisst das, dass dem Traum bzw. der Vision eine prospektive Kraft innewohnt. So ist der Gegenpol der Urkraft (der Erdfrau), der Mensch im All, das Bild möglicher Vollendung, das wir von ihm von Augenblick zu Augenblick erfahren. Der Tierkreis ist keine Projektion des menschlichen Bewusstseins an den Himmel, sondern das Schema möglicher Vollendung. In den starken Bindungskräften wird Energie zur

Masse, Gammastrahlen verwandeln sich in Wasserstoffatome, Visionen werden magische Wirklichkeit. Der Künstler ist mittelbarer Magier, der Schamane unmittelbarer. Daher müssen wir als personalen Ursprung der starken Bindungskräfte Gott als die Liebe annehmen, als unser dauerndes Gegenüber, das die Gnostiker als Pleroma bezeichnen; als die Fülle, die dauernd dem göttlichen Nichts entspringt und keinerlei Urteil über die Welt abgibt.

Die schwachen Bindungskräfte, die chemische Verbindungen schaffen, sind die Fähigkeit des Menschen, im Denken von weniger zu mehr zu werden. Im Empfinden kann der Mensch sich differenzieren, besser unterscheiden; im Fühlen seine Triebe harmonisieren; im Wollen klar sein, das Kommende gläubig empfangen. Im Denken kann er mehr werden, wenn er nicht dem Gedächtnis, der Trägheit verfällt, und immer wieder die Müdigkeit überwindet, bis dass ihn der Tod zu einer noch höheren Mitarbeit befreit.

Die Welt des homo divinans ist überall im Entstehen begriffen und setzt sich gewaltlos gegen die ideologischen, sterbenden Formen der Zivilisation durch, getragen aus dem guten Willen vieler einzelner.

Doch nun ist es an der Zeit, für diese Wandlung die Hilfe von Gott, Erde und Himmel direkt anzusprechen. Dies wird dadurch möglich, dass die Kriterien von Raum und Zeit — als Mass und Schwingung Parameter der erfahrbaren Sinnesqualitäten — ihre Heiligkeit als Zugang zur nagualischen Potentialität allen Daseins, das Pleroma wiedergewinnen. Daher gilt es, die nunmehr menschheitliche Zivilisation auf die Urriten von Zeit,

Raum, Mensch und Gott zu eichen und die Menschheit als Gattung, als Mensch im All, jenseits aller Bekenntnisse und Gruppen als echten Partner und Freund des strebenden einzelnen zu erkennen.

2
Fülle der Zeit

Den meisten Menschen ist Zeit als Uhrzeit, als Chronos bewusst: als Tag, Jahr, Lebenskreis und vielleicht noch als Weltenjahr. Doch diese kreisförmige Zeit ist nur der gegenwärtige Rahmen des Zeiterlebens, in dem es Langeweile und Kurzweil gibt, so wie die Taktstriche einer Partitur den Rahmen von Harmonie, Rhythmus und Melodie bilden.

Die Zeit des Erlebens der lebendigen Dauer, des Kairos, hat zwei Koordinaten:

1. Die Motivierung, die den Menschen aus der Vergangenheit zu bestimmten Handlungen bewegt.
2. Die Intentionen, die aus den Erwartungen für die Zukunft stammen.

Das Zeiterleben hat seinen Ursprung im Hören, das als einziger Sinn die Dauer bewusst macht. Daher sind es die Gesetze des Tonal, der Musik, die den Rahmen für das Bewusstsein schaffen. Der kleinste gemeinsame Nenner der Tonwelt, in dem alle möglichen Intervalle als erlebbare Zeitbeziehungen miteinander in Beziehung treten können, ist die zwölffältige temperierte Stimmung, wie sie etwa das Klavier zeigt. Demgemäss ist auch der zeitlich vorstellbare makrokosmische Rahmen das zwölffältige Jahr von Sonne und Mond, der Tierkreis, der uns sowohl die Motivationen als auch die Intentionen verständlich machen wird.

Das Bewusstsein als Gewahrwerden beruht auf der Fähigkeit, die Mitte der Erde als Zentrum der Schwerkraft zu erfahren, von welcher aus die Richtungen des Raumes in der Zeit als Bewegung zu erkennen sind.

Im Osten geht der Himmel auf, im Westen geht er unter; im Norden dreht er sich um den Polarstern, und im Süden lässt er die Fülle der Wesen erkennen.

Dieses Bewusstsein hat sieben Komponenten: vier Erlebensweisen des Nacheinander und drei des Miteinander. Sie werden aus der menschlichen Gehirnstruktur einsichtig.

Drei bleibende Strukturen sind ineinander-übereinander:

Der Körper als Summe aller Bewegungsvorgänge und Verhaltensweisen hat seine Steuerung im Rückenmark, Stammhirn und Kleinhirn;

Die Seele als Summe aller personalen Beziehungen und Verhältnisse — zu Eltern, Gleichaltrigen und Kindern — hat ihren Schwerpunkt im limbischen System, dem Zwischenhirn mit seinen beiden Parametern der Vermeidung von Schmerz und der Wiederholung von Lust;

Der Geist, die Einbildungskraft als Teilhabe an der Welt des Imaginalen, hat seinen Schwerpunkt im Grosshirn, Sitz der kreativen Assoziation. Dieses zeigt eine vierfältige Gliederung:

Die linke Hemisphäre öffnet sich dem analytischen Zeiterleben und der Welt der Sinnesdaten, des Wachens;

Die rechte Hemisphäre ist der Zugang zur synthetischen Raumvision und der Welt der Triebe und Träume;

Die hintere Zone ist die Ebene der Sprache, die Sinnesdaten und Triebe zu Worten vereint und damit das

Gedächtnis ermöglicht als Ansatz des strategischen Wirkens in der Welt.

Das Gehirn

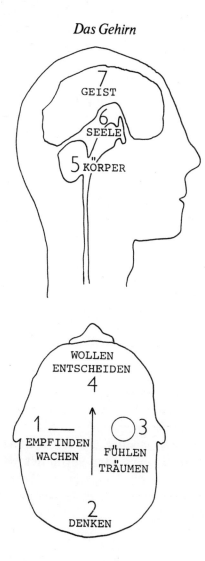

Die vordere Zone, in der die Aufmerksamkeit im Sekundenrhythmus zwischen linearer Beobachtung und kreisförmiger Erinnerung wechselt, ist der Ort der Wahl, der Kraft und der Zuwendung, des Wollens, durch welches neue Inhalte aufgenommen und Handlungen begonnen werden.

Die systematische Begründung dieser Struktur habe ich in meinen *Kriterien der Offenbarung* geschildert, ihre methodische Integration in *Vom Eigensinn zum Lebenssinn*.
Hier geht es nun darum, die chronologische Zeit als Vorstellungsrahmen zu integrieren, indem die vier Funktionen — Sinne des Empfindens, Triebe des Fühlens, Sprachen des Denkens und Kräfte der Entscheidung und Entschliessung des Wollens den drei Bereichen, dem materiellen des Körpers, dem personalen der Seele und dem imaginalen des Geistes eingegliedert werden. Damit ergibt sich die zweifältige Struktur der Zeit als verschiedene Richtung des Kreises:
Die Motivationen des individuellen Einstellungskreises sind linksläufig zu begreifen.
Die Intentionen des Menschheitskreises sind rechtsläufig zu begreifen.

Im matriarchalischen und patriarchalischen Denken des homo sapiens war die Zeitstruktur in ihrer Bedeutung den Vorbildern bestimmter Menschen und Geschichtsdichtungen untergeordnet, die als Kulturheroen, als göttliche Inkarnationen oder Vermittler von Offenbarungen einen Weg zur Vollendung geschaffen haben, und deren Nachfolger diesen mangels besseren Wissens als einziggültigen betrachteten.

Heute, mit der virtuellen Einheit des Planeten, erweisen sich all diese Wege als mögliche Kombinationen der gleichen Urelemente des Rades. Nur in ihrer Gesamtheit können sie den einzelnen befähigen, seinen persönlichen Sinn, seine Dichtung zu beginnen, zu welcher die Traditionen nicht mehr das Vorbild, sondern das Sinnbild liefern. Wir wollen nun den Kreis der Motivationen und der Intentionen im Nacheinander schildern, weil sich aus ihnen der Zeitrahmen ergibt, der die Ideologien des homo sapiens in der Erdreligion kampflos überwindet.

Die Reihenfolge von Wollen, Empfinden, Denken, Fühlen in der Bedeutung der Tierkreiszeichen ist gegen den Uhrzeigersinn, sie spiegelt das Jahr und den Lebenskreis, den Entfaltungsweg des einzelnen. Doch die Arbeit des Tages ist bereits auf die Gattung gerichtet: der Sonnenaufgang als Ansatz des Wollens, die Wachheit des mittäglichen Empfindens, die sprachlich denkerische Kommunikation des abendlichen Sonnenuntergangs und die Traumvertiefung des Fühlens der Geisterstunde der Mitternacht lassen sich nur im Menschheitsrahmen integrieren. Diese Richtung bildet den Ansatz der rechtsläufigen Entfaltung von Körper, Seele und Geist. Hieraus entsteht der zwölffältige Bewusstseinsrahmen jenes Menschen, der seine Bewusstseinsmitte in der Erdmitte lokalisiert hat.

Der Kreis der Motivationen ist biologisch die Art und Weise, wie der Mensch seine Umwelt im Bild seines Organismus schafft und artgemäss verwandelt. Die verschiedenen Inbegriffe des Bewusstseinskreises sind auf bestimmte Organe des Grossen Menschen, der Gattung, geeicht; ihre Begründung habe ich an anderer

Stelle gegeben; ihre Richtigkeit ist aber unmittelbar zu erfahren und bedarf keiner Rationalisierung, da ein jeder sie in sich entdeckt.

I. *Seele-wollen* (Widder, Kopf und Nervensystem) bestimmt das Motiv des Ordnens und Führens, der Persönlichkeit, des Ich.

II. *Körper-empfinden* (Stier, Nacken und Sinnesorgane) hat als Motiv die empfindbare Welt auf die eigene Gestalt und ihre Reichweite als Wirkwelt zu beziehen; es ist das Gebiet von Besitz und Eigentum.

III. *Geist-denken* (Zwillinge, Arme und Lunge) sehnt sich nach Austausch von Information, nach Lehren und Lernen, nach Kommunikation, um den eigenen Werdegang zu beginnen.

IV. *Seele-fühlen* (Krebs, Brust und Magen) zeigt das Verhältnis zu Heim und Wurzeln mit der Motivation der Harmonisierung der Familie, von Eltern und Kindern.

V. *Körper-wollen* (Löwe, Rücken und Herz) bestimmt die Sehnsucht nach Können und Meisterschaft in Ausdruck und Spiel.

VI. *Geist-empfinden* (Jungfrau, Bauch und Eingeweide) zeigt das Verhältnis zur Werterzeugung, Arbeit und Geld und hat als Motiv die Vermögensbildung.

VII. *Seele-denken* (Waage, Hüften und Nieren) bestimmt die Sehnsucht nach sozialer Anerkennung und Kontakt, nach Gemeinschaft und Bindung, sowie der Ausscheidung aller jener, die nicht die gesellschaftliche Sittlichkeit akzeptieren.

VIII. *Körper-fühlen* (Skorpion, Geschlechtsorgane und Muskeln) ist die Freude am Einsatz der Kraft, von

Mut und Initiative, bestimmt ferner das Verhältnis zum Tod und äussert sich in der Einstellung, wie man problematische Situationen in nutzbringende Gelegenheiten verwandelt.

IX. *Geist-wollen* (Schütze, Oberschenkel und Leber) eröffnet den Zugang zur eigenen Offenbarung oder Tradition, zu Idee und Aufgabe, durch welche der einzelne menschheitsbedeutsam wird; die gleichnamige Konstellation des Tierkreises der Sterne weist auf das unsichtbare Zentrum der Milchstrasse, das durch schwarze Wolken verhüllt ist.

X. *Seele-empfinden* (Steinbock, Knie und Gelenke) sehnt sich nach Tüchtigkeit, beruflicher Kompetenz und öffentlicher Machtstellung.

XI. *Körper-denken* (Wassermann, Unterschenkel — die beiden Säulen der Freimaurer — und Skelett) ist das Motiv der Teilnahme an Kultur und Zivilisation, an Technik, Erfindung und Werk.

XII. *Geist-fühlen* (Fische, Füsse und Milz) ist der Ort des Motivs zur Ganzwerdung, der Regeneration und des Einstiegs in die kosmische Liebe; es zeigt die Sehnsucht nach geistiger Kommunion, All-einsein und Verbundenheit mit der göttlichen Wurzel des Alls.

Jeder Mensch hat seinen Motivationsrahmen in einer Verschränkung von Tierkreis und Häuserkreis im Horoskop, wobei die Sonne einen Ort im Grossen Menschen bestimmt; das Zeugenbewusstsein ist also immer gattungsmässig zu verstehen. Die Sonne ist die Funktion in der Menschheit. Der Wesenskern ist immer überpersönlich.

Bekenntnisse und Kulturen haben diese oder jene

Komponente betont oder vernachlässigt, und daher nur jenen die Entfaltung ermöglicht, deren Begabung dieser Dichtung entsprach. Mit der virtuellen Einheit der Erde im Sinne der Noosphäre wird die Gesamtheit der Motivationen heute jedem zugänglich, der sein Schwerkraftzentrum und Wesenszentrum in der Mitte der Erde lokalisiert und aus diesem Nichts, der inneren kreativen Leere heraus zu leben beginnt.

Doch dieser Rahmen bestimmt nur den Einzelmenschen. Für die Religion als Kreis der Intentionen ist die rechtsläufige Komponente der Erwartungen bestimmend, die ihre Parameter im Weltenjahr, dem Entfaltungsrahmen der Menschheit als Gattung, haben. In diesem erkennen wir den Zeitrahmen, der die planetarische Zivilisation der Wassermannzeit zugänglich macht und den Menschen daher auch politisch aus der ideologischen Entfremdung herauslösen kann.

Im Motivationskreis wird jedes der Zeichen im Nacheinander wirksam, wobei die Bedeutung der Häuser durch die Tierkreiszeichen und Planeten abgewandelt wird:

0 – 7 Bildung des Ich
7 – 14 Entfaltung der Beziehung zum Objekt
14 – 21 Zeit des Lernens
21 – 28 Lösung von der Familie und Bildung des eigenen Heims
28 – 35 Durchbruch zum Wesen und zum Können
35 – 42 Finden des Arbeitsrahmens und der Mehrwertschaffung
42 – 49 Erreichen und Festigung der Stellung in der Gesellschaft

49—56 Enthaftung vom Besitz und Beginn des Abenteuers
56—63 Finden der eigenen Aufgabe
63—70 deren Verwirklichung als Berufung
70—77 ihre Eingliederung in die Menschheitskultur
77—84 Einswerden mit der Liebe, Schaffen der persönlichen Brücke zum Jenseits.

Alle Altersstufen in der Gesellschaft und alle Kastenordnungen — etwa in Afrika die immer grösser werdende Verantwortung für die Natur — sind diesem natürlichen Rahmen abgeschaut, dessen methodische und systematische Begründung ich an vielen Orten geschildert habe. Wesentlich für die Eingliederung des einzelnen in Himmel und Erde ist aber der gegenläufige Raster, der die Entwicklung der Menschheit als Gattung kennzeichnet und in welchem wir 1962 in die sechste Zeitepoche, jene des Wassermanns mit einem mentalen Alter von 35 Jahren, als Haus der Arbeit der Menschheitsgeschichte, eingetreten sind.

Der Intentionskreis der Menschheitsentwicklung entsteht astronomisch durch die Wanderung des Frühlingspunktes rückläufig durch den Tierkreis. Dieser verschiebt sich in 72 Jahren um ein Grad, in 2160 Jahren um eine Konstellation, und in 25'940 Jahren um den ganzen Kreis. Am 4. Februar 1962 ist der Frühlingspunkt in die Konstellation Wassermann eingetreten, und damit hat das planetarische Bewusstsein virtuell begonnen.

Das Weltenjahr begann, als der Frühlingspunkt in die Konstellation Krebs eintrat. Die frühere Einstimmung mit der Natur wurde einerseits als Verlust der Harmonie betrauert, anderseits als Beginn der bewussten Entwicklung gefeiert. In jedem Zeitalter wurde der Rahmen der Gemeinschaft erweitert. Die Klans der Krebszeit nach der letzten Eiszeit, mentales Alter 0 — 7 Jahre, brachten das Matriarchat mit der Mondgöttin; auch in der Vorschulentfaltung des Kindes steht die Mutter im Vordergrund. Die priesterliche Rolle der Frau als Hüterin der Traditionen blieb in der Stammeskultur durch die Zwillingszeit auch bestehen, 7 — 14, ja bis in die Mitte der Stierzeit mit den Stadtkulturen, wo Lesen und Schreiben entdeckt wurden, 14 — 21. Die Widderzeit mit dem heiligen Volk, 21 — 28 Jahre, und die Fischezeit mit dem Reich, 28 — 35 Jahre, standen ganz im Zeichen der väterlichen Strategie. Am Ende der Fischezeit war seit der Aufklärung nur noch die individuelle wissenschaftliche Lebensart anerkannt, obwohl mit der Tiefenpsychologie seit der Jahrhundertwende die Wiederentdeckung der Instinkte angebahnt wurde. Seit Beginn der Wassermannzeit ist nun die Menschheit selbst als Gattung zum Rahmen und Gegenpol des einzelnen geworden, und damit ist der ganze Tierkreis zum ersten Mal in der Weltgeschichte bewusst: die väterliche und mütterliche Rolle tritt in die Vorbereitung der Schulzeit zurück; der mündige Mensch ist Freund Gottes im Sinn des Wassermannsymbols, befruchtet aus den Wassern des Nagual die Erde, und gleichzeitig ist im Sinn des sechsten Hauses Arbeit an sich selbst und Arbeit an der Welt in Einklang und Wechselwirkung gekommen.

Die Siebenjahresabschnitte von Lebenskreis und Weltenjahr bestehen als visionärer Erwartungsrahmen durch die ganze Epoche und wandeln sich nicht allmählich, sondern plötzlich. Somit haben die nächsten 2140

Jahre — 20 Jahre sind bereits verflossen — den gleichen Charakter, dessen Schwerpunkt die Mitte des Zeichens, 15 Grad Wassermann ist. Der «Zufall» des gleichen Aszendenten des Erdheiligtums zeigt damit dessen Bedeutung; seine Gründung war echter Kairos, im Unterschied zum Chronos eine trächtige Zeit.

Nicht die Vergangenheit, sondern die Zukunft trägt als Erwartung eine Epoche; die Mythen entsprechen den Instinkten. Wie der Körper nach Massgabe seiner Motivation die Umwelt verändert, so hat auch die Menschheit Tendenzen, die sich bestimmen lassen; nur wenn diese anerkannt sind, kann der persönliche Lebenssinn von jedem aktualisiert werden. So bildet die Struktur der Wassermannzeit ihr morphogenetisches Feld. Wer dieses akzeptiert und die früheren Koordinaten der Fischezeit aus persönlicher Entscheidung verlässt, wird zum Pfeiler der neuen menschheitlichen Gesellschaft, die sich kampflos und unmerklich aktualisiert, bis sie eines Tages selbstverständlich die ganze Welt umfassen wird.

Was in bisherigen Zeiten allmählicher Übergang schien, war die Tatsache, dass viele Menschen an den alten Koordinaten festhielten. Doch die Überwindung von Vaterbild und Mutterbild ist heute politisch ein allgemeines Postulat geworden. So gliedert sich der Einstellungsrahmen der Erde in folgender Weise:

Das Horoskop der Wassermannzeit

Der Übergang Fischezeit—Wassermannzeit findet zwar auf 0 Grad Wassermann statt, weist aber auf die höchste Erfüllung dieser Epoche hin. Daher ist hier der Aszendent mit 15 Grad Wassermann dargestellt.

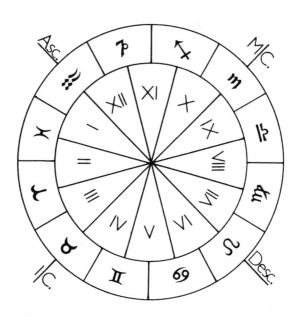

I. Wassermann

Das Horoskop tritt an die Stelle des Bekenntnisses, die Anlage wird als Weg erkannt. Sowohl im Miteinander als auch im Nacheinander spricht sich jeder die Gesamtheit menschlicher Möglichkeiten zu und wird die jeweils erschaute zu aktualisieren suchen. Nicht mehr

Anpassung, sondern Wachstum ist das Ziel. Geschichte ist nicht mehr heilig wie in den matriarchalischen und patriarchalischen Epochen, sondern wird zusammen mit der Kultur zum Gestaltungsmaterial ohne Eigenwert. Im Horoskop hat jeder den gleichen kulturellen Grund, die Verschiedenheiten bedeuten Arten der Kombination der Elemente, aus denen der einzelne mit seiner besonderen Sinnesmelodie ansetzt.

II. Fische

Besitz und Eigentum sind nur insoweit zulässig, als sie die Schönheit und Entfaltung der Erde fördern. Toter Besitz geht zugrunde; wer durch ihn statische Sicherheit will, identifiziert sich mit Vergangenem und verliert jegliche Hoffnung. Dieser Aspekt des Gestaltens zum Heil aller lässt sich am ehesten mit dem Ethos mittelalterlicher Handwerker vergleichen, die ihr Werk an verborgenen Stellen der Dome ohne Hoffnung auf Anerkennung anonym ausführten. Wer seinen Lebensunterhalt aus dem bestreitet, was für ihn sinnvoll, für andere nützlich ist, kann keiner Krise zum Opfer fallen, die alle jene hinrafft, die den Verdienst rational unmittelbar anstreben.

III. Widder

Die einzigen Gruppen, in denen Menschen heute zusammenfinden, sind psychologisch orientiert. Sie sollen dem einzelnen helfen, sein Ich und seine Kompetenz zu entfalten, wie dies die Pioniere der humanistischen und transpersonalen Psychologie vorgezeichnet haben. Die Gruppendynamik dient nicht mehr kapitalistischen oder sozialistischen Interessen, sondern in der Polarisation mit anderen findet der Mensch seinen Werdegang in der Gruppe der Gleichberechtigten. Der Kantische kategorische Imperativ wird soziale Wirklichkeit, dass jeder sowohl Mittel als auch Ziel der Gesellschaft sein sollte.

IV. Stier

Die Nordachse der Wassermannzeit ist im Körperempfinden auf Einklang mit der Erde gerichtet. Der Mensch hat jene Heimat, die er entfalten kann und die seiner Gestaltungsfähigkeit entspricht; also nicht Wohnung als Statussymbol. Wie einst bei den Chinesen, gilt es bei den nun enttabuisierten Eltern an dem anzuknüpfen, was sie nicht vollendet haben; also Dankbarkeit für ihre Fehler, weil aus dem Mangel allein der eigene Ansatz zu finden ist. Hier ist wohl der grösste Gegensatz zum vergangenen Zeitgeist, wo ein Mensch seine Stellung als Repräsentant eines vorgegebenen geistigen Zusammenhangs finden konnte. Nur die eigenen Wurzeln, was immer diese auch seien, bilden das Motiv der Selbstaktualisierung. Aus ihnen entfaltet sich das natürliche Wachstum ohne Kunstgriffe, wie es Feldenkrais so treffend formulierte: Ein Baum erhält kein Diplom dafür, dass er einen Ast treibt.

V. Zwillinge

Die Meisterung bezieht sich auf den Zusammenhang der Information, woran jeder teilhat. Die Wissenschaftsjournalisten sind daher sozial wichtiger als die Wissenschafter, denn nur das, was allen verständlich wird, hat Bestand. Das morphogenetische Feld enthält alle Informationen der Welt bis heute; an dieses gilt es das rationale Weltbild anzugleichen. Kriterium der Meisterung ist die Fähigkeit des Klärens und Erklärens; nur das, was jeder begreifen kann, wird Ansatz persönlicher Kompetenz. Das Übertragbare ist der gemeinsame Grund der Weltzivilisation, die auf Vermehrung und dauerndem Austausch aller Informationen beruht. Hierbei ist die Fähigkeit, die Informationen im Sinn des eigenen Strebens, der Motivation und Intention zu verarbeiten, wesentlich, da die sogenannten Gemeinschaftsziele — wie die Weltrevolution im Osten oder das Produktivitätswachstum im Westen — der vergangenen Epoche angehören. Der Mensch ist in seinem Wesen irrational und unvoraussehbar; daher muss er das Voraussehbare und Informative jeden Eigenwertes entblössen und in persönliches Gestaltungsmaterial verwandeln.

VI. Krebs

Arbeit ist nicht ein Drittel des Lebens wie in der ausklingenden Fischezivilisation, sondern ein Zwölftel; sie wird der Befriedigung echter Bedürfnisse dienen. Immer weniger Zeitaufwand wird in Zukunft notwendig sein, um das Überleben zu gewährleisten. Alle andere Bemühung wird der Erde selbst, ihrer Verschönerung und Gesundung zugewandt. Nur jene, die selbst zur Heiterkeit finden im Sinn der guten Laune des Mondes, können auch die Bedürfnisse anderer als Variationen der gleichen Triebstruktur anerkennen, wobei die bisherigen patriarchalischen, angstgeborenen Abhängigkeiten in dem Masse schwinden, wie der einzelne sich traut, seine Wesenswünsche zu verwirklichen.

VII. Löwe

Schwerpunkt der Wassermannzeit ist der Löwe im siebten Haus. Die neue Gemeinschaft ist auf der Liebe gegründet in all ihren Aspekten, von der enttabuisierten geschlechtlichen Liebe bis zum Willen, den anderen gleichberechtigt in seiner Ganzheit zu fördern. Die Gesellschaft wird dichterisch, erfasst die Möglichkeit der Vollendung jedes einzelnen, wie dies mit dem Begriff «Fördernd» im *Buch der Wandlungen* gemeint war. Menschen suchen das Ritual, das gute Gespräch, den Tanz, die Feier in der Freude. Sie kommen nicht zusammen für Geschäfte und Kompetition wie in der vergangenen Epoche, sondern um einander zu bestätigen und zur Erfüllung zu helfen. Während das fünfte Haus die Teilhabe an der Information verlangt, auf dass sich der einzelne in seinem Können genau erklärt, ist hier das Wesen im Vordergrund. Dieses kommt nicht aus dem Licht und ist nicht aus der Klarheit funktionell zu bestimmen, sondern es strebt aus dem Dunkel zum Licht, wie das Symbol des Luzifer veranschaulicht.

In jedem Zeitalter wird das früher Verteufelte zum Ansatzpunkt; der Eigenwille — bei Bekenntnissen und Ideologien ebenso negativ verurteilt wie die Triebhaftigkeit — wird durch seine Beziehung zur Erde der Entwicklung förderlich. Sobald die freie Gemeinschaft entsteht, in der Menschen nicht mehr die Kritik der anderen fürchten — die sich notwendig immer nur auf Vergleichbares beschränkt — bricht eine höhere Art der Bewusstheit durch, die mehr einem verwirklichten Traum gleicht als einem Plan. Der Mensch der Wassermannzeit erschöpft seine Rationalität in der Kenntnis des Rades. Da ihm dessen Struktur klar ist, lässt er der Dichtung freien Lauf. Auf ihrer Grundlage kann sich die Grundstimmung der Heiterkeit und Freude entfalten, wobei die Art und Weise dieser Feiern sehr spontan und immer reicher wird.

VIII. Jungfrau

Die angewandte Wissenschaft und Wirtschaft, in der vergangenen Zeit ideologischen Zielen untergeordnet — wie dem Ruhm des Herrschers oder des Landes, der Wachstumsrate, der Weltrevolution oder dem heiligen Krieg — wird Ansatz zur Verhinderung des Streitens; Probleme werden zu Gelegenheiten. Alle heutigen prophezeiten Katastrophen technischer und wirtschaftlicher Art sind nicht notwendig, sondern politischer Natur; sie können durch die klare Abstimmung der Mittel auf die Ziele beseitigt werden.

Voraussetzung dazu ist, die falschen Ideologien zu ignorieren und auf das Kommende hinzuarbeiten, das sich kampflos verwirklicht, sobald es klar vor aller Augen steht. In der Zeit der Massenkommunikation muss sich die Wahrheit durchsetzen, weil eine neue Generation, die nicht mehr in den alten Parametern aufgewachsen ist, sie selbstverständlich vertritt, ja in ihren Problemen den Ansatz zu ihrer eigenen Arbeit findet, wobei die Ökologie, das Gleichgewicht und das Wachstum der Erde, das letztgültige Kriterium sein wird.

IX. Waage

Soziale Gerechtigkeit ist das eingestandene Ideal aller Breiten, wenn auch angstgeborene Eliten immer noch krampfhaft an vermeintlichen Vorrechten festhalten. Doch wahre Gerechtigkeit wird nicht durch demokratische Mehrheitsbeschlüsse und geltendes Recht erreicht, sondern durch Besinnung auf jene ungreifbare Ordnung, die sich nur von Mal zu Mal als echte Offenbarung im Sinn des neunten Hauses dem Fragenden offenbart. Da in der entstehenden «homuter-Gesellschaft» — in der Computer und Selbstaktualisierung zusammenwirken — alle Geschichte und alles Wissen abrufbares Material darstellt, ist keine falsche Entscheidung endgültig wie in patriarchalischen Zeiten; alles kann immer wieder in Frage gestellt werden.

X. Skorpion

Beruf wird zum Einsatz für das jeweils Mögliche, die öffentliche Funktion wandelt sich, weil nur durch Bewährung ein Mensch die ganze Breite des Spektrums seiner Anlagen verwirklichen kann. Die neue klassenlose Gesellschaft ist nicht politisch durch Revolution, sondern durch Generationenwechsel zu erreichen, sobald die Endlichkeit aller Bedürfnisse akzeptiert ist und die sexuelle Repression ihre Macht verloren hat. Auch hier sind ökologische Gesichtspunkte entscheidend, denn nur im Gesamtzusammenhang der Erde ist die auf echten Wünschen und Motiven beruhende Initiative förderlich und schlägt nicht in Aggression um.

In der Vergangenheit bedeutete Zivilisation Abgeschlossenheit im Rahmen einer Verfassung und beruhte auf dem Feindbild, dem man entgegentreten musste; nur so konnte sich die patriarchalische Ordnung erhalten. Egoistische Menschen gibt es immer. Der wahre Kampf ist heute in Aktionen für die Natur zu finden, und die Absurdität der Atomrüstung von West und Ost gegeneinander wird später wohl ebenso als Kuriosität belächelt werden wie die elaborierten Eisenrüstungen der Ritter des Spätmittelalters, die, einmal vom Pferd gefallen, nicht mehr aufstehen konnten. Aber in ihrem Eisenbewusstsein nahmen sie die industrielle Ära vorweg — wie die Raumfahrt und die Raketen heute das kosmische Bewusstsein der Zukunft.

XI. Schütze

Das kosmische Bewusstsein wird in der Wassermannzeit in all jenen verehrt, die echte Meister sind, da sie einen Weg ins Ungreifbare, ins Jenseits geschaffen haben. Bereits heute gibt es keine religiöse Veranstaltung ausserhalb der Sekten, die nicht konfessionslos ist und Buddha, Mohammed, Christus, Ramakrishna, ja alle Brückenbauer zum Jenseits als Vorhut der Menschheit anerkennen. Aber dies ist nicht mehr als Vorbild zu verstehen im Sinn der imitatio Christi, die mit Erwähltheitsbewusstsein zusammenhängt, sondern als Sinnbilder des eigenen Strebens. Die Gemeinschaft der Heiligen und Weisen erstreckt sich über alle Zonen der Erde, und jeder von uns Menschen ist letztlich berufen, seine eigene Brücke zu bauen.

XII. Steinbock

Das alles ist aber nur möglich, wenn jeder Mensch die totale Selbstverantwortung erreicht und niemand mehr anderen die Schuld oder Verantwortung für sein Scheitern zuschiebt. Durch die Information des fünften Hauses steht in Zukunft jedem alle ihn angehende Information zur Verfügung. Beklagen der eigenen Sündigkeit nützt nichts mehr, kein Gott nimmt einem die Verant-

wortung ab. Hier wird deren vierfältige Bestimmung bei den Chinesen klar:
1. für das, was man tut;
2. für das, was einem zustösst;
3. hat man die Lage selbst gewollt, und
4. ist jede Lage notwendig gut, da jede Wirklichkeit eine Möglichkeit hat.

Aber 5. gibt es keine Gemeinsamkeit mehr unterhalb der Einheit der Gattung, des Menschen im All, dem alle Inspiration entstammt. Daher ergibt sich ein politisches Postulat: alle kleineren Gesellschaften und Gemeinschaften als jene der Menschheit ihrer Eigenmächtigkeit zu entkleiden. Dies lässt sich erreichen, wenn die Erde selbst in ihrer Ganzheit zu unserer Umwelt wird und wenn überall an die Stelle der ausschliesslichen Raumgebilde mit ihren Loyalitäten der gemeinsame Zeitrhythmus tritt.

Der Tierkreis der Wassermannzeit ist in den letzten zwanzig Jahren eingerastet. Die geschilderten Parameter sind keine Utopie, sondern kennzeichnen das Bewusstsein aller Menschen, die der *Aquarian Conspiracy* zugehören, dem künftigen Reich des Friedens. Jeder unterliegt von Zeit zu Zeit der Versuchung, sich einer kleineren, gegen Missstände gerichteten Bewegung anzuschliessen, um darin sein kleines Ich zu verlieren. Aber nur im Rahmen des Rades kann einer seine Rolle als Teil des Menschen im All, als Gewahrwerden verwirklichen. Wenn man Kinder in den ersten beiden Lebensjahren betrachtet, so sind sie reines Gewahrsein, reine Antwort. Diese Antwort wird später Verantwortung, und in letzterem Begriff liegt die Gefahr des

Grössenwahns, nämlich zu glauben, dass Gesellschaft und Zivilisation das Werk einzelner Menschen sei. Um diesen zu vermeiden, muss der Raster des zwölffältigen Tonkreises durch die achtfältige Öffnung des Lichtkreises ergänzt werden, in dem der Mensch seine Wesensmitte in der Erdgöttin findet und diese Geborgenheit, das Grundvertrauen als Voraussetzung zu Urvertrauen immer wieder aktualisiert.

3
Öffnung des Raumes

Die Welt der Zeit bestimmt die menschliche Wirklichkeit zwischen Geburt und Tod. Doch selbst ist sie mit der Erde eine einzige inkarnierte Möglichkeit des Alls, des unmanifestierten Nagual. Um in der zeitlichen tonalen Welt seine Verwurzelung zu finden, bedarf es der Kriterien des Raumes, die wie jene der Zeit während der Herrschaft der matriarchalen und patriarchalen Ideologien in Vergessenheit geraten waren. Nur die indianische Überlieferung hat sie unverfälscht aufbewahrt, und dank ihrer ist es uns heute möglich, den Lichtkreis des Menschen zu verstehen.

Physikalisch wird uns Energie auf zwei Weisen verständlich: als Materieschwingung und als Lichtschwingung. Die Materieschwingung ist longitudinal und wird über das Ohr als Zeit bewusst. Die Lichtschwingung ist transversal und wird als Vision über das Sehen bewusst.

Die Verwirklichung des Raumzeitrahmens vollzieht sich über die Vereinigung der Bereiche und Funktionen und hat als kleinsten gemeinsamen Nenner den zwölffältigen Tonkreis. Die Erkenntnis, wie Energie unmittelbar wahrnehmbar wird, geht über den achtfältigen Kreis des Lichts, der die Beziehung zwischen Masse und Energie bestimmt.

Jedes Atom ist durch acht Richtungen allverbunden. Den Beweis der mathematischen Notwendigkeit und der chemischen Veranschaulichung habe ich in meinen *Kriterien der Offenbarung* dargelegt. Für das Bewusstsein sind die acht Kriterien — vier Funktionen, drei Bereiche und das Gewahrwerden — die unterscheidbaren Qualitäten des Aufnehmens des Nagual, die durch die früher geschilderte Grosshirnstruktur verständlich werden.

Der Rahmen der zeitlichen Erwartung ist räumlich in Ruhe; ein Musikstück ist als Partitur vorgegeben. Im Tonal ist es nicht möglich, mehr als die gegebene Potentialität zu erfüllen. Der Rahmen der räumlichen Verwirklichung hingegen reicht ins Unendliche und ist allbezogen. Die psychischen Funktionen und Bereiche können als Komponenten des strategischen Ich betrachtet werden; doch dann bleibt der Mensch im Gehäuse seiner Reflexion, das die Indianer als Blase der Wahrnehmung bezeichnen. Doch sie können als Tore zum All geöffnet werden, wenn ihr räumlicher Ursprung verstanden wird.

Die Raumrichtungen entstehen durch die Bewegung der Erde im Verhältnis zur Sonne und zum Polarstern, der als Verlängerung der Erdachse die Himmelsmitte bildet — tatsächlich das erste Mal im Jahr 2059. Die Bedeutung der Richtungen ergibt sich aus der Art und Weise, wie ein auf die Erdmitte bezogener Mensch die Bewegungen erlebt.

In einem flächigen, sich drehenden Rad ist die Nabenmitte ruhig, da die Bewegung der Mitte zu unendlich klein wird. In einer Kugel ist es die Achse und damit die Schwerkraft. Nur in dieser gegründet, also auf der Fähigkeit der inneren Leere, sind die Richtungen überhaupt zu unterscheiden. Wer von einem Bewusstseinsinhalt, einem Wissen ausgeht, kann sie nicht bemerken. Doch diese Leere ist dauerndes Werden, vom Etwas der Offenbarung zum Nichts der Erdmitte, womit dieses Etwas zum Teil des eigenen Wesens wird.

Der Ausgangspunkt des Verständnisses der Raumrichtungen ist der Osten, im Horoskop der Aszendent und im Weltenjahr der Frühlingspunkt. Um die Offenbarung des Nagual zu erreichen, muss man die Mitte des Rades vor sich haben und sich mit dem Rücken nach Osten setzen. Alles taucht im Osten auf, nicht nur die Sonne, sondern der ganze Himmel. Darum ist dies der Ort der Offenbarung, der Inspiration, wo man den nächsten Schritt erfährt, der die augenblickliche Lage aus dem Nichtgewussten ergänzt.

Bereits die Haltung, auf eine solche Inspiration zu warten, wird zur Sprengung der Reflexionsblase. Als ich im Frühjahr 1981 das erstemal mit dieser Überlieferung vertraut wurde, habe ich mich im Wald einen Monat lang immer wieder in den Osten gesetzt, zusammen mit meiner Frau, deren Platz der Süden war. Während der Zeit des Sitzens erlebte ich nur ein Wohlsein, keine Bilder; diese kamen meistens während der nächsten Nacht.

Unser Körper lebt durch physische Ernährung, durch verwandelte Masse, zu der auch die Atemluft gehört. Unser geistiger Leib hingegen, das elektromagnetische Feld, das die Wurzel der Vitalität dieses Körpers ist und der Sonne entstammt, wird durch Öffnung gegenüber der Energie ernährt, indem die leere Aufmerksamkeit — die Ruhe der Erdmitte — ihre Ergänzung und Erweiterung erfährt, die das Wesen vermehrt. Das Mehrwerden der Integration lässt sich physikalisch als Ausdruck der kleinen Bindekraft, der alchemischen Wandlung verstehen. In der Religion bezeichnet man diesen Durchbruch als Glauben; die Vision des Ostens wird als

Auftrag erfahren, von dessen Erfüllung die kommende Entwicklung abhängt.

Sobald Hoffnungslosigkeit einen überkommt, ist die Öffnung nach Osten der Weg zur Befreiung, zur Vitalisierung. Im Gewahrwerden wird die Öffnung jede zweite Sekunde erreicht, wenn die Aufmerksamkeit auf Beobachtung gerichtet ist. Wer aber zu viel auf sich selbst vertraut und sein Leben autonom lenken will, bei dem wird die Aufmerksamkeit nicht auf das Kommende, den Geist gerichtet, sondern auf einen Gedächtnisinhalt, eine Überlegung, und so sperrt sich der Mensch im Wissen ein, wobei er seine geistige Energie verliert.

Der Zugang zum Nagual ist die Vision; sie vollzieht sich über die rechte Hemisphäre, den Traum. Das Licht entspricht der elektromagnetischen Energie, die nicht als materielle Kraft im Sinn der Entropie, sondern ungreifbar als Informationsvermehrung negentropisch zu integrieren ist. Wer sich ihr nicht öffnet, bemerkt sie überhaupt nicht; und in einer Welt, wo alles Geschehen auf die Bemühung der einzelnen Menschen zurückgeführt wird, kann der Geist überhaupt verloren gehen, wie die heutigen negativen Prophezeiungen und die Hoffnungslosigkeit der Ideologien zeigen.

Im Osten geht der Himmel auf, im Westen geht er unter. Untergehen bedeutet Weggeben. Licht wird zur Kraft. Kraft habe ich nur als Steuermann, als jener, der die Mitte gegenüber den anderen und der Welt wahrt, für sich selbst eintritt, seine Wahrheit im Wollen vertritt.

Körperlich ist die Richtung des Ostens die Teilhabe an der Kreativität, im Liebesakt wird jedes Ichgefängnis gesprengt. Die Richtung des Westens bedeutet dagegen, zu sich zu stehen, indem bewusst alles weggegeben wird, was nicht zum Wesen des Augenblicks gehört.

Vor allem gilt es, im Westen alle Krankheiten, alle Leiden wegzugeben. Wer alles hingibt, was nicht zu seinem Wesen gehört, kann nicht anders als freudig sein. Der wird auch nicht so leicht krank. Die Ärzte des Mittelalters, die sich während der Pestepidemien selbstlos um andere kümmerten, wurden selten angesteckt.

Alles ist im Gleichgewicht: Krankheiten im Sinn von Bakterien und Viren können im schamanischen Sinn als Geister aufgefasst werden, die ihre Aufgabe der Gleichgewichtserhaltung durchführen. Eine Krankheit ist immer die augenblicklich bestmögliche Antwort des Körpers bei einem Menschen, der den Westen, seinen Willen verloren hat. In der Zeit patriarchalischer und matriarchalischer Bevormundung war das Selbstfinden, die echte Willensverantwortung, oft schwer. Wenn Gott als der allmächtige Vater bezeichnet wurde, verwechselte der Mensch die echte Hingabe für andere mit Selbstkritik oder Selbstmitleid, die ihn in seiner Reflexionsblase festhalten.

Um diesen Egoismus zu überwinden, ist das Vertrauen und die Unschuld des Südens der Weg. Der Osten entspricht im Tageslauf dem Sonnenaufgang, dem ersten Gebet, der Sonnenuntergang der gesellschaftlichen Kommunikation, wie auch die Vögel in dieser Zeit miteinander ausschwärmen. Der Süden ist die helle Sonne des Mittags, unter welcher der Mensch alle anderen erblickt.

Die Überlieferung des Südens kam erst durch die Indianer zurück, die die Kommunion mit Pflanzen, Tieren und Steinen nie verloren hatten. Die materielle Verkörperung des Ostens ist das Feuer als Nachbild der Sonne; jene des Westens der Erde, der Stein, in seiner reinsten Form der Kristall. Jene des Südens dagegen die Pflanze, mit der der Mensch als Seele in Kommunion tritt.

Laut indianischer Überlieferung kann man Krankheiten bewusst als fehlgeleitete Energien Bäumen übergeben, wenn man diese als Wesen anspricht und bittet. Theoretische Vorstellungen nützen hierbei nichts; man muss es laut aussprechen, weil sich die Erdkraft nur über die Sprache oder Gebärde überträgt, während die mentale Vorstellung im elektromagnetischen Bereich hängen bleibt.

Jeder Mensch ist seelisch immer wieder gekränkt worden. Wenn er daraus Schlüsse zieht und sich seinen Mitmenschen gegenüber versperrt, kann er nicht mehr echte Wesenskommunion, seelische Offenheit, das Bubersche Ich und Du erreichen, wodurch nach dessen Auffassung Gott allein als Liebe an den Menschen teilhaben kann.

Buber berichtete, dass der Wiederbegründer der chassidischen Frömmigkeit, der Baalschemtof, zu Pflanzen und Tieren gepredigt habe. Aber predigen genügt nicht, man muss von ihnen lernen.

Der Norden als vierte Richtung der Erde weist auf den Polarstern, um den sich der ganze Himmel dreht. Diese Drehung des Himmels entspricht der Integration neuer Bewusstseinsinhalte, es ist die Ichwerdung der Strategien, der Ort der Weisheit und der Macht. «Taking ones power» bedeutet nicht Generaldirektor zu werden — das ist eine fiktive Macht in einem Theaterstück in der Zivilisation — sondern die Integration echter Geister, der Verbündeten. Ein solcher Verbündeter ist eine höhere Verantwortung für andere Wesen. Diese Möglichkeit präexistiert im Nagual, und es bedarf eines Kampfes, um sie zu integrieren.

Mit dem Rücken zum Norden zu sitzen bringt die Integration. Im Erdheiligtum ist in der Mitte ein Meteorstein, ein Eisen aus dem All versenkt, und der Pfeil, der auf den Polarstern weist, ist aus Chromnickelstahl, also magnetisch. Magnetismus ist nur Eisen-Nickelmetallen eigen, der magnetische Nordpol der Erde ist in der Nähe des physikalischen. So kann diese Achse die Verbindung zwischen Tonal und Nagual für die Erde herstellen; denn ein sich drehender Eisenkern erzeugt elektrische Energie.

Die Gefahr des Nordens ist, aus dem bereits Gewussten zu handeln, im Zerrbild des Experten, der auf jede Frage eine Antwort aus seinem Gedächtnis bereit hat. Gedächtnis ist die grosse Fähigkeit des Denkens, dass es einmal erfahrene Situationen speichert und damit die Aufmerksamkeit offen bleibt. Aber hierzu muss der Mensch echtes Wissen und Kompetenz von blosser Meinung und Erinnerung unterscheiden, was durch bewusste Integration der Mitternachtsrichtung möglich wird.

Der Polarstern ist in der unbeweglichen Erdachse auf deren Mitte bezogen; daher kann der Mensch sich gleich dem Tier selbständig bewegen und auf immer anderer Höhe der Integration am Leben als Ich mitzuwirken. Dies ist die echte Macht, die aus dem Denken kommt. Wer jene Stellung, die ihm nach Wissen und

Kompetenz gebührt, nicht nur hat, sondern meistert, lebt aus seiner Achse heraus. Und Riten wie der Yoga oder Tai-Chi befähigen ihn dazu, auch in der Bewegung die Mitte zu wahren. So ist der Mensch in seiner Nordrichtung in Kommunion mit dem Tierreich.

Denken ist nicht auf Erkenntnis, sondern auf Strategie gerichtet. Diese ist nicht Programm im Sinn einer festgelegten Melodie und Abfolge, sondern freie Wahl im Rahmen gegebener Wesenstöne, etwa wie die indische Raga-Musik die Tonleitern festlegt, nicht aber die Melodien, und diese frei im Zusammenhang mit einem gewählten Rhythmus abwandelt.

Alle Tiere sind strategisch aufeinander bezogen; nur der Mensch ist in Gefahr, den grossen Zusammenhang zu verlieren. Wer imstande ist, alles Wissen immer wieder auf die Mitte zu beziehen, ist in seiner echten Macht. Damit findet er Zugang zum wahren Menschen der Mitte, welcher nicht mehr eine Richtung, sondern die Kommunion über die Sprache mit dem Menschen im All eröffnet.

Der Mensch ist das fünfte Naturreich; doch nicht als Individuum, als strategisches Tier, sondern als jener, der über seine Fähigkeit der Sprache die Kommunion zwischen den vier Reichen als Noosphäre schafft. Darum bleibt die Mitte des Rades leer. Dort ist der Zugang zu allen Göttern und Geistern, die der Überlieferung zufolge den Weltenbaum vom Polarstern heruntersteigen, um dem Menschen bei seiner kreativen Arbeit zu helfen.

Die vier Richtungen sind die Koordinaten der Mitte, nur von ihr aus zugänglich. Wer sein Subjekt in der Gattung Mensch, im Menschen im All als dessen Glied gefunden hat, ist der liebenden Kommunion fähig. Daher ist auch, wie die Sufis sagen, der eigene Name als Lautgebilde jenes Wort, worüber dem Menschen das Göttliche zugänglich wird.

Die Offenbarung betrifft nicht nur die Art und Weise, wie der Mensch zu seiner Mitte findet, sondern auch wie sich das All ihm mitteilt. Dies wird durch die sekundären Raumrichtungen bewusst, die je zwei primäre zu einer Substanz vereinen.

Osten und Süden, Kreativität und Seele, vereinen sich im Südosten zu den Geistern der Ahnen, der Geschichte, die das morphogenetische Feld der Gattung Mensch prägen. Mit dem Rücken zum Südosten findet der Mensch Zugang zu jenen Verstorbenen, die seinen Geist prägen oder ihm dazu verhelfen, Mitarbeiter der Schöpfung zu werden.

Solange man aus dem denkerischen Gedächtnis spricht, bleibt einem die lebendige Geschichte verschlossen. Doch alle, die an ihr mitgewirkt haben, die das persönliche Ich überwanden und menschheitsbedeutsam wurden — Goethe sagt: wer keinen Namen sich erwarb, gehört den Elementen an — sind Freunde, die uns zugänglich werden. Seit über zwanzig Jahren lehre ich Geschichte, und jedesmal offenbart sich die historische Persönlichkeit, über die ich spreche, als Freund in einer neuen Weise. Sie hilft mir, sich selbst zu verstehen und auch die augenblickliche Situation. Ein Sokrates, ein Kant, ein Goethe hat jeder Generation etwas anderes zu sagen. Jene Ahnen — das Wort allein zeigt schon den Doppelsinn, dass man nämlich durch sie zur wahren Deutung des Geschehens kommen kann —

die dem Grossen Rund der Gattung zugehören und die Vereinzelung hinter sich liessen, sind Öffnungen zum weiten Feld des Universums; sie sind Teil des Menschen im All, der alle Wesen umfasst, die je gelebt haben.

Feuer und Ahnen ergeben die Geschichte: die Begeisterung entzündet sich, wie das *Buch der Wandlungen* sagt, an den Worten der Vorzeit und den Taten der Vergangenheit. Geister mögen gestorbene Wesen oder auch künftige Menschen sein, die uns jetzt nur als Engel, Botschafter zugänglich sind. Aber letztere bedürfen des Menschen, auf dass ihre Botschaft wirksam werden kann; ohne ihn sind sie machtlos.

Zwischen Seele und Wollen, Süden und Westen, ist der Zugang zur Vision der Elementarkräfte; die Naturgeister, die die Körperlichkeit zusammenhalten. Einstieg zum Südwesten ist der Traum. Für den in der Reflexion befangenen Menschen bleibt er Ausgleich, für den geöffneten wird er Zugang zur averbalen Vision, die sich dann verkörpert.

Über diese Richtung kann der Mensch als Geist auch seinen Körper verlassen, hat wunderbare Kräfte, findet heilende Antwort für alle Probleme, die ihn und andere betreffen, die sich an ihn wenden. Doch diese Kräfte finden ihre positive Auswirkung in der Gemeinsamkeit.

Dies bringt uns zur nächsten Richtung, der Vereinigung von Wollen und Denken im Nordwesten, die den ganzen Körper im Verhältnis zu seiner Umwelt und damit das triebhafte Fühlen erfasst.

Denkerische Gemeinschaft führt nur zu Zusammenarbeit, gefühlsmässige Kommunion akzeptiert die Bedürfnisse des anderen. Wer sich mit dem Rücken zum Nordwesten setzt, erfährt, wie er die Motive der anderen mit den seinen in Heiterkeit vereint. Hieraus entsprang der Heilige Kreis des Gesetzes der Indianer und der Thing der Germanen als Grundlage aller Gemeinschaft.

Die Triebe, die einen Menschen im jeweiligen Integrationsniveau des Denkens bestimmen, sind Gegebenheiten wie die Wirklichkeit. Es gilt sie nicht zu unterdrücken, sondern anzuerkennen, weil sie sonst als Kräfte andere Bahnen nehmen, die sich der Kontrolle des Bewusstseins entziehen und den Menschen krank machen.

Das Fühlen als Funktion ist im Werden und Vergehen, schliesst das Gewahrsein des physischen Todes, des Schmerzes immer ein. Im Fühlen gibt es keine Trennung zwischen Ich und Du, sondern beide sind in die empathische Gemeinsamkeit eingebettet.

Der Südwesten ist der Zugang zu den Naturgeistern, den Elementen Feuer, Wasser, Erde und Luft. Der Nordwesten eröffnet den Zugang zu den Urgründen der Triebhaftigkeit. Doch um diese in die Kultur einzubeziehen, muss die «Medizin» des Menschen einbezogen werden, die Vereinigung von Denken und Kreativität im Nordosten. Medizin bedeutet indianisch, dass der Mensch eine bestimmte Tätigkeit, eine Gestaltung des Empfindens, im Verein mit anderen zur Schaffung der Zivilisation ausübt.

Wie die Tiere ihre Rolle im Ökosystem finden, so hat der Mensch diese in der gestalteten Zivilisation, in dem Rollengefüge, wo er mit anderen zusammenarbeitet, um die Schönheit der Erde zu läutern.

Dieser Zusammenhang ist wiederum die Mitte, das Höhere Selbst des Menschen als Teil des Menschen im All. Der Wesenskern ist nicht inkarniert; seine Struktur ist das Rad selbst, das Horoskop als Instrument der Selbstaktualisierung. Nur jener dringt zu dieser Mitte als höhere Oktave der sprachlichen Kommunion durch, der seine eigene Individualität als Gefüge der Elemente des Rades begreifen kann.

Begreifen und nicht verstehen: das Höhere Selbst als Teil des Grossen Rund tritt im normalen Leben nur als Zeuge, als Wahrnehmer auf. Doch kann es bewusst im Ritus der grossen Feste der Sonne einbezogen werden; in ihren acht Stationen macht sie jeweils einen anderen lebendigen Aspekt des Universums zugänglich, und in der gemeinsamen Feier ist der einzelne für die Dauer des Festes im Grossen Einklang, kann sein Wesen in diesem heiligen Augenblick «himmeln und erden», aus der Wahrnehmungsblase befreien, um dann im Alltag weiter an sich und der Welt zu arbeiten.

4
Feste der Sonne

Erst in der Wassermannzeit, da das historische Rad um ein Achtel zum Tierkreis geneigt ist und damit zugänglich wird, können die Feste der Sonne in ihrer Reinheit verstanden werden. Fast jede bekenntnishafte Religion hat sie irgendwie eingefügt, wesentliche Taten oder Gedanken ihres Stifters in die Sonnenbedeutung gekleidet. Diese Bedeutung ist aber nicht Grundlage des Verstehens, sondern ein Teil des tieferen Sinns der Sonne als Bewusstseinsträger. Im Tierkreis ist jeder von uns durch seinen Typus, dem Sonnenzeichen, Mitarbeiter der Gattung, ob er will oder nicht; durch seine Triebe und Sinne bleibt er dem Naturgeschehen eingegliedert. Aber nicht jeder stösst zur Sonne durch, manchmal bedarf es vieler Existenzen, bis alle Komponenten des Bewusstseins, symbolisiert in den Planeten, integriert worden sind. Wenn die Feste nun im Augenblick des tatsächlichen Sonnenstandes gefeiert werden, so ist die Sonne auf die Erde bezogen. Damit wirken Instinkt und Strategie nicht mehr gegeneinander, sondern miteinander zur grossen Harmonie, wie dies Lao Tse beschreibt. Wir wollen die Bedeutung der Feste erst rational-tonalisch aus dem Rad bestimmen und nachher die Stimme des Menschen im All dazu vernehmen.

Das Fest des Geistes im Südosten auf 15 Grad Wassermann haben wir zu Beginn der Wassermannzeit am 4. Februar 1962 um vier Uhr früh in Kalkutta das erste Mal gefeiert. Schon immer hatte die chinesische Überlieferung hier den Frühlingsanfang gefeiert, der trotz ihres Mondjahrs auch 1962 der Beginn eines Tiger-Jahres war.

Jedes Jahr kommt nun ein anderer Impuls zum Tragen; dass dies nicht nur für mich persönlich, sondern auch menschheitlich so ist, wurde uns klar, als 1966 minutengenau zu Beginn des Mondjahres die erste Mondsonde landete. Seither haben wir dieses Fest im *Kriterion* jedes Jahr begangen, aber erst 1982 wurde mir die Bedeutung klar: sie meint die gemeinschaftliche Teilnahme am Menschen im All, am Geist der Kultur. In der Wassermannzeit ist der Schwerpunkt die historische Erwartung des Weltenjahrs, wobei in jedem Jahr eine neue Aufgabe der Vergeistigung und möglicher Verwirklichung hinzutritt.

Durch den Astralmythos wird der Arbeitsrahmen der Wassermannzeit einsichtig. Weltgeschichte ist kein Schicksal, sondern das Ergreifen von Möglichkeiten, die von immer anderen verwirklicht werden, — jene, die zufällig zu ihr durchstossen. Daher kann man auch die bisherige Geschichte, wie Theodor Lessing sich ausdrückte, als eine Serie verpasster Gelegenheiten bezeichnen. Auf Zeiten der Fülle folgten solche des Niedergangs, weil ihre Träger wieder auf die Ebene des ideologisch-banalen Lebens zurückfielen. Aber die Zyklenlehre von Spengler ist falsch. Der Niedergang ist nicht schicksalshaft, sondern die Kulturimpulse setzen sich an einem anderen Orte fort, so wie nach dem Ende von Byzanz dessen Gelehrte nach Florenz kamen und die Blüte der Renaissance einleiteten.

Heute nun können diese Zufälle des Niedergangs für alle jene vermieden werden, die den patriarchalischen und matriarchalischen Machtstrukturen abgeschworen haben. Damit wird die Weltzivilisation zum Arbeitsrahmen, der in jedem Jahr aus einem anderen planetarischen Impuls befruchtet wird.

1962 war der Beginn der Wassermannzeit. 1972 feierten wir dessen Wiederkehr als Sonnenjahr; doch kurz darauf wurde durch den kalifornischen Astronomen Brady die Umlaufzeit des Schwerkraftpunktes Luzifer berechnet — der im Rad zusammen mit den Mondknoten Rahu und Ketu rückläufig das Wollen bestimmt — und nahm die Stelle der Sonne im Löwen ein, die damit zur Geistigkeit befreit wurde.

1982 haben wir bei Sonnenstand auf 15 Grad Schütze, in Konjunktion mit Ketu, das Erdheiligtum auf den Polarstern geeicht. Damit beginnt im dritten Dezennium der Wassermannzeit die praktische Verwirklichung der Impulse.

Die Erde ist eine Einheit geworden, in der jeder Mensch und jeder Ort gleich weit vom Mittelpunkt entfernt sind. Dem Frühlingspunkt der Ekliptik entspringt der Längengrad von Mekka. Daran schliessen sich nach Osten, wie ich es in anderen Büchern dargestellt habe, die Tierkreismythen an, mit Arabien im Widder, Indien im Stier, China in den Zwillingen usw. Die Längengrade entsprechen der Planetenfolge des Enneagramms: 0—1 Luzifer, 1—2 Jupiter, 2—3 Venus, 3—4 Uranus. Athen, Dublin und Berlin liegen auf einem uranischen Längengrad; der Witz dieser Bewohner ist bekannt (man nennt im Volksmund die Berliner die Spree-Athener). Wien und Hintersdorf im Bereich der Fische sind auf einem Neptunlängengrad. Daher kann von hier aus das jupiterische Fest des Geistes zum Ausgangspunkt einer weltweiten gesellschaftlichen Erneuerung werden.

Impulse sind keine Notwendigkeit, sie wirken nicht kausal, sondern Menschen müssen sie ergreifen. Daher haben wir im Luziferjahr das Erdheiligtum intentional an dieser Stelle begründet; die Zustimmung des Himmels war die Tatsache, dass der Augenblick der Sonne-Ketu-Konjunktion genau auf Asc. 15 Grad Wassermann fiel. Fortan folgen die Impulse weiter nach den Jahren: 1983 Jupiter, 1984 Venus, 1985 Uranus, 1986 Mond, 1987 Merkur, 1988 Neptun, 1989 Mars, 1990 Saturn und 1991 Pluto; dann kommt 1992 ein neuer Willensimpuls.

1962 bis 1971 standen im Zeichen des Luzifer, die Erde gliederte sich oberhalb aller historischen Ideologien nach den vier Gehirnzonen im Sinn der Noosphäre; gemeinsames Gespräch im Sinn der Radmitte verhinderte das Auseinanderbrechen der Zivilisation.

Das zweite Dezennium im Zeichen des Jupiter brachte die Annäherung aller Gesichtspunkte im Sinne der *Aquarian Conspiracy,* die psychologischen Bemühungen in ihrem therapeutischen Aspekt standen im Vordergrund.

Das dritte Dezennium 1982 bis 1991 steht im Zeichen der Venus; am Beginn wurde das Heiligtum der Erdgöttin begründet, und überall auf der Erde werden Steinkreise entstehen, die dem einzelnen in der Teilnahme des Achterkreises dazu helfen, seinen Willen auf das Wollen der Erde abzustimmen und seinen Lebensstil in neuer und freudiger Form zu entfalten.

Auch die weiteren Dezennien lassen sich in der Konzeption vorwegnehmen. Doch ist diese Vorwegnahme gefährlich, weil sie dazu verführen könnte, einen Plan zu machen und das echt Neue, das in jedem Jahrzehnt heute unbekannt den Zeitraum prägen wird, zu verhindern. Damit würde eine neue Expertenrolle entstehen, die die Freiheit der Wassermannzeit genauso erstickt wie die Verhärtung der bisherigen Religionen, von denen keine ihre reine Form mehr als drei Generationen zu wahren vermochte. Da wir uns im Dezennium verwandeln, können wir nur als Verwandelte das nächste als Verwirklichungsschritt erkennen.

Die Gefahr der Verhärtung lässt sich überwinden, wenn wir die anderen sieben Feste der Sonne begehen. Hierzu müssen wir sie aus ihrer historischen und ideologischen Liturgie herauslösen und allein aus dem Sonnenort begreifen.

Die acht Feste

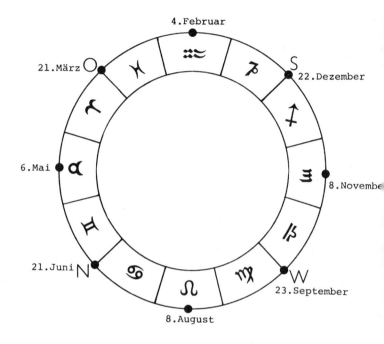

Das Fest des Ostens, 0 Grad Widder, ist der Frühlingspunkt der Ekliptik, am 21. März, der Zugang zum Göttlichen im Jahr. Hier ist jegliche persönliche Dichtung zu Hause, von den Skripten im Sinn der Transaktionsanalyse über Märchen und Mythen bis zur tatsächlichen Kreuzigung und Auferstehung Christi als Verkörperer des Gottessohnes, des Sonnenboten. Bei diesem Fest gilt es, jegliche Geschichte auf ihren göttlichen Ursprung hin zu durchschauen, denn jeder Mensch ist Sohn der Sonne in seiner Teilhabe an der kosmischen Kreativität.

Um dies zu erreichen, muss man die ganze Verantwortung und Schuld auf sich nehmen, weil nur damit der Durchbruch gelingt: Verantwortung für was man tut, was einem zustösst, und was für eine Bedeutung es für die Menschen hat.

Alle Offenbarungen entstammen dem Osten, und die Haltung des Menschen gegenüber der schöpferischen Kraft ist der Gehorsam, der Glaube, das Nicht-in-Frage-Stellen. Jüdische, christliche und islamische Offenbarung sind eines Sinnes, vergleichbar der Dreieinigkeit von Vater, Sohn und Heiligem Geist. Immer wieder wird der Mensch die Auferstehungsbotschaft aus jeder Tradition heraushören, wenn er das göttliche Wort nicht als Information, sondern als Berufung erfährt.

Das Fest des Nordostens am 8. Mai auf 15 Grad Stier ist die Kommunion mit allen Wesen, mit Steinen, Pflanzen, Tieren und Menschen. Die Ideologien haben das Fest als Walpurgisnacht verteufelt, aber der gehörnte Gott Pan ist das Bindeglied der gesamten Natur, der die Verbindung zwischen allen Wesen schafft. Dies ist das Fest der Schönheit, auf die hin alle Wesen angelegt sind, alle Kunst, alle Vollendung, alle Anziehung soll hier ihren Ausdruck finden. Im Tanz, in der Musik, in der Freude an der grossen Harmonie treffen sich alle Wesen und lassen sich in die Bande des ungreifbaren Mitschwingens fallen, dessen zarte Fesseln in Wirklichkeit echte Kommunion darstellen. Dies ist der Ort des Empfindens im Achterrad.

Das Nordfest der Sommersonnenwende und Mitternacht am 21. Juni auf 0 Grad Krebs ist der Durchbruch zum Denken, zur Integration, zur Klarheit. Nur auf diese hin wird Initiative förderlich, führt Strategie zum

Erfolg. Im Norden steht der Mensch als Ich, als klares Bewusstsein anderen gegenüber, indem er seine jetzige Inkarnation zwischen der Motivation der vorigen und der Intention der gegenwärtigen, zwischen Karma und Dharma erlebt, wie es der Buddha gezeigt hat. In jedem Wesen lebt die Seinsvernunft, die Klarheit des Nordsterns. Sie gilt es durch Ruhe der Konzentration und der Meditation zu erwecken, jeden Menschen an diesem Fest als Mitwirkenden in der grossen Menschheitszivilisation aufgrund seines Wissens und seiner Kompetenz anzuerkennen.

Das Fest des Nordwestens auf 15 Grad Löwe am 8. August ist das Fest der Freunde Gottes. Das letzte Mal wurde es als Verkündigung in El Alamut vom «Alten vom Berge» am 8. August 1164 gefeiert, da er die Freunde Gottes als Vollendung des Propheten bezeichnete, zu welchem Bewusstsein jeder findet, der zu seinem Wesen durchdringt: es ist der Ort Luzifers im Jahr. Freund Gottes ist der Lichtträger, der die Illusion der Eigenmächtigkeit überwindet. Und während im gegenüberliegenden Fest des Wassermanns die Menschen nach ihrer Rolle im Werk geschieden sind, werden sie hier im Fest des Fühlens in eine neue Kommunion gebracht von Wesen zu Wesen, da die Motive jedes einzelnen anerkannt sind.

Die tatsächliche Geschichte ist dem Wassermannfest zugeordnet, die Heilsgeschichte dem Osten, die Kommunion mit den Rollen der anderen dem Nordosten, und die Wege zur Seinsvernunft dem Norden. Die Geschichte aller Brüderschaften und Orden, von den Lauteren Brüdern von Basra bis zu den Freimaurern, gehört dem Nordwesten zu. Jeder Mensch, der zum

Nagual durchbricht, ist in dieser lebendigen Kette der Lichtträger, Catena Aurea. Während er im Wassermannfest seinen Auftrag findet, zeigt ihm das Fest des Nordwestens, wen er lehrt und von wem er lernen kann.

Das Fest des Westens am 23. September auf 0 Grad Waage, in der jüdischen Tradition Yom Kippur, christlich Michaelsfest, germanisch Walitag, ist der Tag des Entschuldens; sowohl Gläubiger wie Schuldner machen rituell einen Schlussstrich unter die Vergangenheit, um das Neue gemeinsam anzugehen. Der Westen ist auch der Ort der Heilung, die dann geschieht, wenn man total für sich eintritt und alle Krankheiten und Leiden im indianischen Sinne weggibt, aufgibt, opfert, auf dass die Gemeinschaft zur Gemeinde wird. Die Offenbarung des Westens ist der persönliche Weg zur Befreiung in jeder Weise, vor allem im Yoga. Sie bedeutet nicht Aufsichnahme der Schuld wie im Ostfest, sondern deren Abgeben, um den anderen als unabhängigen Mitarbeiter in der Zeit akzeptieren zu können. Hierzu gehören auch all jene psychischen Techniken, die zur Befreiung führen.

Das Fest des Südwestens am 8. November auf 15 Grad Skorpion ist das Erleben der Nahtstelle zwischen Körperganzheit und Traum. Hier werden die Träume durchlässig. Man findet den Zugang zu den Naturgeistern, den Elementalen, Feen, Zwergen, Trollen, Sylfiden, Undinen und Salamandergeistern; die schamanische Reise in die Oberwelt und Unterwelt geht durch dieses Tor. Während im Maifest die Kommunion mit der lebenden Natur und Schönheit erfahren wird, erlebt man hier die Hilfe der nicht-inkarnierten Wesen, bis zur

Fähigkeit, sich von seinem Körper im Geist zu lösen und andere Welten schon im Leben zu erfahren.

Die Sonne im Süden, am 22. Dezember auf 0 Grad Steinbock ist der Ort der Seele, der Heiligen zwölf Nächte der Erdfrau, in denen der Mensch sich traditionell im Kreis mit anderen durch die zwölf Tierkreishäuser erlebte. Viele Formen hat dieser Ritus gefunden. Doch im Grunde kennzeichnet das Weihnachtsfest die Geburt des Helden, in der der Mensch zur Ganzheit seiner Erwartungen durchdringt. Erreicht er seine Rundheit und achten die anderen seine innere Dichtung, dann tritt er neugeboren in den Wiederaufstieg des Lichts ein, er erlebt die Freude seiner geistigen Neugeburt im Sinn des Lichterbaumes, der Pflanze, die für alle den Zugang zum Universum reinigt.

Alle menschliche Zivilisation hat ihre Brücke zum Nagual in den acht Festen gefunden. Werden sie als Ursprung der Liturgien gefeiert, die sich auf der ganzen Welt immer ihrem Rahmen einfügten, dann verliert der Mensch in der Kommunion mit anderen nie mehr den Zugang zum Heiligen Reich des Menschen im All, dessen Vollendung persönlich und kollektiv die Verheissung der Erde ist.

Rational und historisch lassen sich die acht Feste linksläufig im Jahreskreis beschreiben. Als unmittelbarer Zugang zur Offenbarung werden sie durch die Tradition der Swastika verständlich, deren Zählweise die indianische Überlieferung bewahrt hat. Sie stammt aus dem Gesetz der Fünf. Ihre Reihenfolge entsteht rechtsläufig im rechten Winkel, dem Urbild des Raumverständnisses.

Hierzu müssen wir die Himmelsrichtungen noch einmal aus anderer Sicht auf den Zusammenhang der Naturreiche mit dem All bestimmen, um damit dann die Offenbarungen des Menschen im All zu verstehen.

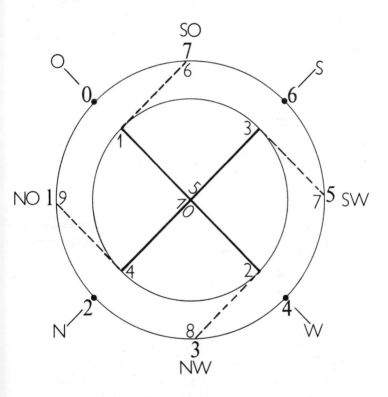

1. Im Osten wird das Feuer verständlich, die Sonne geht auf. Dies ist der Ort aller Offenbarung und Vision. Das Feuer ist unsterblich, sein Licht wurzelt im Sterben, dem Entwerden der Materie. Im Menschen ist es die

Kreativität und die Sexualität, der körperliche Zugang zur Gattung.

2. Der Westen ist der Ort des Untergangs des Himmels. Licht wird zur Kraft, die uns über die bestehende Materie zugänglich ist. Es ist die Welt des Minerals, der gefrorenen Energie mit ihrer Eigenbeweglichkeit im Rahmen der vier Kräfte; Ort der Kraftfindung und Selbständigkeit des Wollens.

3. Der Süden ist der Ort der Mittagssonne und der bewussten Zeit, die nur im Tageslicht erfahrbar wird. Dies ist das Reich der Pflanzen, die imstande sind, durch die Energie des Sonnenlichts das Wasser aufzuspalten und mit der gewonnenen Energie ihre Stofflichkeit aufzubauen. Es ist der Ort des Wachstums und der Unschuld, des Vertrauens, der Schwerpunkt der Seele.

4. Der Norden ist der Ort des Polarsterns, um den der ganze Himmel kreist, die Mitternacht. Er bildet den Zugang zum Reich der Tiere, die aus den Motiven, den Träumen gelenkt werden und sich vom Tod anderer Lebewesen ernähren. Es ist der Ort der Strategien, der Weisheit, der Integration im All und damit des Denkens.

5. Die Mitte ist die Achse zwischen Erde und Himmel, zwischen Kraft der Materie und Vision des Lichts, das wegen der Drehung der Erde immer einem anderen Ort des Sternenhimmels entstammt. Dies ist der Ort des Menschen, des fleischgewordenen Wortes, der durch seine vertikale Verbindung zu Erde und Himmel das Gleichgewicht zwischen Feuer und Mineral, Pflanze und Tier gewährleisten soll. Diese seine Mittlerrolle wird durch die Fähigkeit der Sprache bewusst.

Im Bild der Swastika sind die vier primären Richtungen aus der Mitte heraus zugänglich. Doch der Mensch ist nicht allein, er ist Glied der kosmischen Menschheit, die die vier Naturreiche als ihren Teil umfasst. Damit diese Einordnung verständlich wird, muss ein rechter Winkel vom Tonkreis zum Lichtkreis aus jedem der vier Eckpunkte geschaffen werden.

6. Südosten ist das Feuer des Menschen, das ihn als Intention bewegt: es ist die Welt des Geistes und der Ahnen, der Geschichte.

7. Südwesten ist das Mineral des Menschen, die Elementarkräfte, die den Körper zusammenhalten, welche aber lebendig als Geister zu verstehen sind und die als Träume und Körperbild die Vitalität des Leibes bestimmen.

8. Nordwesten ist die Pflanzlichkeit des Menschen, seine Fähigkeit des Wachsens im Fühlen. Dieses geht bereits über den Körper hinaus und kann nur in bewusster Gemeinschaft integriert werden. Die Befriedigung der Bedürfnisse verlangt Verstehen des eigenen Ortes im kosmischen Stoffwechsel.

9. Nordosten ist das Tier des Menschen, seine Rolle als «Medizin» in der Zivilisation als höhere Entsprechung zu den Ökosystemen der Tiere. Dies ist der Ort des Empfindens als Arbeit, die Beherrschung aller Bewegungen, die menschliche Zivilisation in chinesischem Sinn.

10. Wiederum die Mitte als Bewusstheit aller Menschen ist das Rad, Gesetz der Vernunft und der Erkenntnis, die Vereinigung aller Verstehensgesetze als Orientierungsrahmen zwischen Himmel und Erde. Persönlich ist es das Höhere Selbst, das im Leben nicht inkarniert

ist, da es sich hinter der Schwelle des Tiefschlafs befindet.

In der indianischen Überlieferung haben diese zehn, die das Dasein auf der Erde zwischen Geburt und Tod bestimmen, eine höhere naguale Entsprechung von 11 bis 20. Dies sind die kosmischen Wesenheiten. 15 ist der Mensch im All, im Süden der Mitte, 20 der Grosse Geist und der Tod im Westen der Mitte; 5 ist im Süden, der Mensch selbst, 10 im Norden als Denkstruktur, und Null, die wahre Mitte, bedeutet die Vereinigung mit dem Erdzentrum und dem göttlichen Urgrund der Liebe. Doch wirken alle diese im Leben durch die zehn ersten Zahlen hindurch.

Am 23. Februar 1983 haben wir in Matrei das Thing gebildet und den Menschen im All nach Anrufung aller Wesenheiten um Botschaften für die Richtungen gefragt, wie wir die Feste verstehen können.

Osten

Ihr sollt in Eintracht zusammenkommen und euch prüfen, dass jeder reinen Herzens ist. Dann mag der erste vortreten und künden: «Ich weiss das Wahre». Alle hören auf seine Worte, und diese Kunde wird verpflichtend, da sie aus der Urzeit kommt und nun erst in Erscheinung tritt, da die Zeit reif ist.

Westen

Ihr sollt zuerst eine Viertelstunde des Schweigens beobachten. Dann spricht der im Osten und sagt: «Heute ist es Zeit, für sich selbst zu sprechen.» Dann bringt jeder das vor, was ihm wichtig erscheint. Allmählich, wenn es dunkel ist, wird jeder laut jedem anderen seine Schuld vergeben. Zum Schluss fassen sich alle bei der Hand und schwören, das neue Jahr ohne Gedächtnis zu beginnen.

Süden

Der Engel wird euch die Botschaft geben: «Freut euch, denn jeder beginnt jetzt sein eigenes Walten.» Im Süden gibt es keinen Kummer, keine Not. Nehmt jeden der Mitseienden als Kind an, das am heutigen Tag berufen wurde, zum Heiligen zu werden und furchtlos Schritt für Schritt das Grosse Wagnis zu beginnen.

Norden

Klarheit und Weisheit wird dem zuteil, der alle Erschütterung auf sich nimmt, ohne zu verzagen. Volle Verantwortung ist der Becher, den du trinkst. Wisse was du weisst, könne was du kannst, und ehre alle Berufenen. Der König sage jedem, wie er dessen Aufgabe versteht, der einzelne Angerufene antwortet, wie er diese in Tat zum Wohl aller umsetzen kann.

Südosten

Billigt alles was recht ist, sucht was fördernd ist, begeistert alle, bei denen ein Feuer zu entfachen ist. Der Zug der Ahnen führt euch an, ihr seid Glied einer Kette, die sich ewig weiterspannt. Sobald einer verzagt, nimmt ein anderer seinen Platz ein. Tod löscht nicht die Reihe, im Jenseits besteht die Lichterstrasse weiter. Entsagt allen Sorgen und haltet euch an die Sterne; jene, die euch einleuchten und im Augenblick führen, bis der nächste die Führung übernimmt.

Südwesten

Öffnet euch allen Geistern, lasst sie mitspielen, vermeidet allen falschen Ernst, werdet behende und anmutig, damit sie euch in ihren Reigen aufnehmen und ihr die Erdenschwere verliert; der Gewinn wird tausendfältig sein.

Nordwesten

Haltet euch wach, bemerkt jedes Vorkommnis, durchdringt den Schein auf die Motive. Ihr seid die Hüter der Welt. Nur von diesem Ort aus lassen sich die menschlichen Belange in Einklang mit dem All lösen. Achtet auf alles was geschieht, nehmt alles zum Anlass und handelt nach der Weisung, die ihr dann selbst von innen einzeln empfangt.

Nordosten

Seid frei und wohlhabend, freut euch eurer Gaben. Die Welt ist nicht zum Leid geschaffen, sondern zur Fülle. Bemerkt, wo jeder etwas Eigenes beiträgt, freut euch daran, auch wenn die Maske noch unvollkommen ist; bald wird ein echter Geist durch sie sprechen. Zu dieser Stunde warten alle Wesen des Alls auf eure wache Antwort; von ihr hängt das Künftige ab. So vertut nicht das Wunder der Stunde.

5
Befriedung der Erde

Das Bewusstsein der Erde verlangt heute die Überwindung der patriarchalischen und matriarchalischen Bedingtheit, die nur Durchgangsstufen auf dem Weg zur Selbständigkeit waren. In Kants Worten: «Es gilt die Befreiung aus der unverschuldeten Unmündigkeit durchzuführen.» Dazu gibt es zwei Vorbedingungen, symbolisiert in der Bedeutung des Wassermannzeichens Körper-denken. Die erste verlangt, die körperliche Achse auf die Erdmitte zu eichen, sich als Strahl der Erdkraft zum Himmel zu erfahren. Hierzu dienen viele Wege: in der Ruhe der Yoga, in der Bewegung Tai-Chi, die chinesischen und japanischen Kriegskünste, in der Therapie die Trancevertiefung und die Primärerfahrung, in der Gemeinschaft der Tanz im afrikanischen Sinn, oder die Weckung der Fähigkeit zur ursprünglichen Bewegung aus der Mitte mittels der Arbeit von Feldenkrais. Bei jedem Menschen mag das Finden der Achse andere Methoden erfordern, aber es muss erreicht werden, weil sonst die Himmelsrichtungen nicht existentiell erlebt werden können.

Die zweite Vorbedingung ist die Bereitschaft, durch philosophische Erkenntnis des RADES die eigene Anlage als Weg zu verstehen und den bekenntnishaften Ideologien zu entsagen. Ein Horoskop bedeutet nicht das kausal und final vorherbestimmte Schicksal, sondern die Möglichkeit, immer neue Gebiete in den Lebenskreis als Aufgabe einzubegreifen. Hierdurch löst sich der einzelne aus seiner väterlichen und mütterlichen Bindung, versteht sein Leben als Entwurf, der sich im Schreiten von Tag zu Tag erfüllt. Das Horoskop ist die Taufe der Wassermannzeit, es ersetzt die Zugehörigkeit zu Volksgruppen und Kulturen im neuen planetarischen Bewusstsein.

Die vier göttlichen Kriterien des Menschen sind die Liebe als Träger der grossen Bindekräfte, die Erkenntnis der Struktur des RADES als Schlüssel der kleinen zum Erreichen des persönlichen Wachstums im Denken; die Vision des Menschen im All als Forderung zur Erfüllung der eigenen Funktion in der Gattung, die alle gemeinschaftlichen Loyalitäten überwindet, und schliesslich die Mitarbeit an der Erde, die Hilfe für die Erdgöttin, um ihre ursprüngliche Schönheit wieder herzustellen und weiter zu entfalten. In der Wassermannzeit als sechster Epoche der Menschheitsgeschichte ist nicht mehr Befreiung oder Erlösung das Ziel, sondern Mitarbeit und bewusste Entfaltung des geistigen Leibes.

Hierzu gilt es durch Kenntnis des RADES Raum und Zeit als Rahmen der Gegenwart zu fixieren, welcher Rahmen die traditionellen Kulturen ablöst. In jedem der Erdhäuser:

   I. Person
  II. Besitz und Unterhalt
 III. Werdegang
 IV. Familie und Heim
  V. Meisterung und Erziehung
 VI. Arbeit und Wirtschaft
VII. Recht und Gemeinschaft
VIII. Initiative, Tod und Enthaftung
 IX. Offenbarung und Verlebendigung der Tradition

X. Beruf und Berufung
XI. Werk, Zivilisation und Freundschaft
XII. Einsamkeit, Ganzwerdung und Rückbindung

gilt es den entsprechenden Lebensbereich zu erstehen und zu integrieren.

Es gibt keine katastrophalen Lagen, denn jede Wirklichkeit hat ihre Möglichkeit, jedes Problem findet seine Antwort aus dem Nagual, wenn man richtig fragt. Daher gilt es herauszufinden, *was* das Problem ist und wie es gelagert ist. Zeitlich werden die Offenbarungen zugänglich (bei Tag- und Nachtgleiche; an anderen Tagen muss man die lokale Häusertafel zu Rate ziehen):

I. Für persönliche Probleme zwischen 4 und 6 Uhr morgens,
II. für besitzliche und solche der Gestaltung zwischen 2 und 4 Uhr,
III. solche des Werdegangs zwischen Mitternacht und 2 Uhr,
IV. Familienprobleme zwischen 22 und 24 Uhr,
V. solche der Meisterung und der Sexualität zwischen 20 und 22 Uhr,
VI. Probleme der Arbeit zwischen 18 und 20 Uhr.
VII. Gemeinschafts- und Kommunikationsprobleme zwischen 16 und 18 Uhr,
VIII. der Enthaftung und der Initiative zwischen 14 und 16 Uhr,
IX. das Verstehen von Richtung, Religion und persönlicher Offenbarung zwischen 12 und 14 Uhr,
X. Berufliche Fragen werden zwischen 10 und 12 Uhr einsichtig,

XI. solche der Kultur, des Werkes und der Freundschaft zwischen 8 und 10 Uhr,
XII. und solche der Ganzwerdung und Rückbindung nach Sonnenaufgang zwischen 6 und 8 Uhr.

Zum Verständnis der Probleme setzt man sich zur angegebenen Zeit in eine der acht Heiligen Richtungen.

Fehlt einem die Hoffnung, die Eingebung, die Vision, sitzt man mit dem Rücken zum Osten.

Kann man nicht für sich einstehen, dann sitzt man im Westen. Fehlt einem das Vertrauen zu anderen, und hat man die Unschuld verloren, dann ist der Süden der Ort.

Sucht man nach Übersicht und Integration, nach Abstimmung von Wissen auf Können, so setzt man sich mit dem Rücken zum Norden.

Mangelt einem das Verständnis der eigenen historischen Rolle, die Verbindung zu Vorfahren, das geistige Verstehen, dann erfährt man es im Südosten.

Will man seine Träume für Visionen transparent machen und strebt nach Kommunion mit den Naturgeistern, so ist der Südwesten der Ort.

Sucht man durchzustossen zur Befriedigung der Bedürfnisse seiner selbst und anderer, dann setzt man sich mit dem Rücken nach Nordwesten, und

will man seine Rolle, seine «Medizin» in der menschheitlichen Zivilisation verstehen, dann ist der Sitzort im Nordosten.

Aus diesem ursprünglichen Raumzeit-Zusammenhang sind in der Altsteinzeit und Neusteinzeit alle Riten und heiligen Orte entstanden; doch haben sie sich später den patriarchalischen und matriarchalischen Kulturformen eingegliedert und damit ihre Kraft verloren. So gilt es, die Erdheiligtümer wieder zu begründen. Man wird die Orte finden und entdecken, die von der Natur her in besonderem Einklang mit Erde und Himmel sind.

Die Erdheiligtümer sind die neuen Zentren der Wassermannzeit.

Kommen Menschen im Thing zusammen, wählt sich jeder die Aufgabe, die ihm im Augenblick liegt, und setzt sich in die entsprechende Richtung.

Die historisch Bewussten in den Südosten,
die Künder und Propheten in den Osten,
die Künstler und Gestalter in den Nordosten,
die Klärer, Integrierer und Programmierer in den Norden.

Die Sozialhelfer, die menschlich Verantwortlichen in den Nordwesten.

Diejenigen, die zu Wort und Tat als Wollende stehen, in den Westen.

Jene, die dem Traum und der Vision zu offen sind und das Besprochene durch averbale Bilder ergänzen, in den Südwesten.

Jene, die Vertrauen und Unschuld wiederherstellen und imstande sind, Kommunion mit jedermann zu pflegen, in den Süden.

Dies ist seit altersher die Art, wie sich im Achterrad Menschen zusammenfinden, um sich der Inspiration für das Zusammenwirken in Frieden zu öffnen. Die Wassermannepoche ist die Zeit des Friedens, wie es im 11. Zeichen des *Buchs der Wandlungen* beschrieben wurde.

Nachwort

Seit der ersten Auflage dieses Buches sind fünf Jahre vergangen; was damals als Entwurf dargestellt wurde, hat sich heute verwirklicht. Daher möchte ich zum Abschluß eine Darstellung unserer Arbeit in Wien und in Hintersdorf geben.

Schwerpunkt ist der Ritus der acht Feste, die jeweils mit dem Südostfest auf 15 Grad Wassermann beginnen. Jedes Jahr tritt nach dem Enneagramm ein anderer Planet als Arbeitsgrundlage in den Vordergrund, alles stimmt sich auf diese Thematik ab, wie heuer auf das Merkurjahr (1987). Vor den Festen empfangen wir eine Botschaft des Menschen im All. Dann schildere ich zur genauen Uhrzeit meine Auffassung der Bedeutung und stehe im Osten. Meine Frau gestaltet die Anrufung aus dem Westen und jeder stellt sich in die Richtung, die zur Zeit sein Anliegen ist. Nachher feiern wir zusammen, je nach der Thematik des Festes in anderer Weise. Eine Beschreibung des Sinnes der Feste hat Wilhelmine Keyserling in ihrem Buch „Mensch zwischen Himmel und Erde" gegeben.

Vor dem Südfest begehen wir den Ritus der zwölf heiligen Nächte, der den Unterschied zwischen Sonnenjahr und Mondjahr überbrückt und dieserart Motivation und mögliche Intention zusammenfügt. Ich schreibe dieses Nachwort am zehnten Tag, dem Tag der Öffentlichkeit und des Berufs.

Ferner kommen wir in jedem Tierkreismonat zu den Monatsgesprächen zusammen, um zu erleben wie das Thema die Erfahrungen und Entscheidungen geprägt hat. Damit erreichen wir die kosmische Einstimmung.

Persönlich bedeutet für alle das Körpergewahrsein den Einstieg — Yoga, Tai Chi, Kung Fu und andere Künste machen uns mit unserer Motivation vertraut.

Die philosophische Astrologie, dargestellt im Buch „Anlage als Weg" von W. Keyserling, zeigt die persönliche Grundstimmung und ermöglicht uns, zusammen mit der Arbeit an den Chakras, Sinn und Leben aufeinander abzustimmen.

Die Theorie der Einstellung zur Wassermannzeit lehre ich in fünf Disziplinen:

1. Kriteriologie: die Systematik des Wissens.
2. Maieutik: persönliche Erfahrung des Reichtums der Anlage, Durchbruch zur eigenen Vision und Offenbarung.
3. Geschichte der Denkstile: die Entstehung des Wissens, das die Voraussetzung zum Erdbewußtsein bildet.
4. Methexis: die jeweiligen Erkenntnisse des Zeitgeistes in Bezug auf die positive Zukunft.
5. Das Leben im Rad, die Art und Weise, wie die Zeit zum Träger des Zusammenlebens in Freundschaft wird.

Diese Arbeit geschieht ohne jegliche Aggression, wir verwirklichen je nach den Umständen die Inhalte, die im Augenblick möglich sind und wo die neue Schau auch für andere sinnvoll wird. Die Theorie ist in vielen Büchern dargestellt, und die Lehrtätigkeit an der Hochschule für angewandte Kunst in Wien ist allgemein zugänglich. Physikalisch bedeutet das Leben im Einklang mit den Gesetzen der Sinne, vor allem der Tonzahlen, einen Entschluß des Wollens; es ist nicht analytisch oder synthetisch zu begreifen, sondern nur zu erleben und zu aktualisieren. Inzwischen gibt es vielerorts Gruppen — so in Paris, Neapel und Karlsruhe — die bereits aktiv an den Festen und der Theorie teilnehmen. Es besteht keinerlei gemeinsame Organisation, weil nur in dieser Weise die Gemeinschaft der Freunde sich ohne Gegensatz verwirklichen kann. Es wird lange dauern, bis die neue Form der Religion, die keine vergangene ausschließt, sondern diese mit den ältesten Wurzeln der Altsteinzeit verbindet, ihren zentralen Platz gefunden hat. Wir haben aber das Glück, im Übergang zu leben, wo noch nichts fixiert ist und alles in gemeinsamer Arbeit und Zuwendung entstehen kann.

Wien, am 19. Dezember 1987   Arnold Keyserling

Lieferbare Titel

DAS ERBE DER SCHULE DER WEISHEIT Graf Hermann Keyserling, herausgegeben von Arnold Keyserling. Wien 1982. 2 Bände, br. 998 Seiten   DM 48.-   ÖS 340.-

DAS ROSENKREUZ von Arnold und Wilhelmine Keyserling. Innsbruck 1956.
Großoktav mit Farbtafel, br., 185 Seiten   DM 36.-   ÖS 240.-
KLAVIATUR DES DENKENS Arnold Keyserling. Wien 1971. be
geb. 100 Seiten   DM 18.-   ÖS 120.-
LUZIFER Arnold Keyserling. Wien 1972. geb. 45 Seiten.   DM 9.-   ÖS 63.-
DAS NICHTS IM ETWAS A. und W. Keyserling. Wien 1985.
br. 217 Seiten   DM 27.-   ÖS 118.-
ALPHYSIK Arnold Keyserling. Wien 1985. geb. 48 Seiten   DM 18.-   ÖS 120.-
FÜLLE DER ZEIT Arnold Keyserling. W. 1986. br. 80 Seiten   DM 18.-   ÖS 120.-
WEISHEIT DES RADES A. Keyserling. W. 1986. br. 128 Seiten   DM 18.-   ÖS 120.-
DAS GROSSE WERK DER GÖTTLICHEN HÄNDE A. Keyserling
Wien 1986. br. 120 Seiten   DM 27.-   ÖS 180.-
GOTT ZAHL SPRACHE WIRKLICHKEIT A. u. W. Keyserling
Wien 1987. br. 129 Seiten   DM 27.-   ÖS 180.-
ANLAGE ALS WEG Wilhelmine Keyserling W. 1974. br. 282 Sei.   DM 27.-   ÖS 180.-
MENSCH ZWISCHEN HIMMEL UND ERDE Wilhelmine Keyserling
Wien 1986. br. 146 Seiten   DM 27.-   ÖS 180.-
GROSSES GESICHT IN DEM WIR UNTERGEHN W. Keyserling
Wien 1976. br. 30 Seiten   DM 9.-   ÖS 63.-
DYNAMIK DES YOGA Ma Yogashakti, Swami Satyananda, übersetzt und herausgegeben von W. Key. Wien 1967. geb. 95 Seiten " 18.-   ÖS 120.-
GESCHICHTE DER DENKSTILE Arnold Keyserling. W. 1986.
br. 410 Seiten   DM 36.-   ÖS 240.-
STRUCTURE OF GERMAN GRAMMAR Arnold Keyserling.
Wien 1970. br. 84 Seiten   DM 18.-   ÖS 120.-
LE JEU DE LA PENSE Wilhelmine Keyserling. Wien 1976.
br. 150 Seiten   DM 18.-   ÖS 180.-

Konditionen

Auslieferung nur durch den Verlag; nur Festbestellungen; Einzelex. 33 1/3 %
Partie 11/10 40 %.

Verlag der Palme
HEUMARKT 7/11, A-1030 WIEN · TEL. (0222) 713 12 17